UTB **3238**

W0174950

Eine Arbeitsgemeinschaft der Verlage

Böhlau Verlag · Köln · Weimar · Wien
Verlag Barbara Budrich · Opladen · Farmington Hills
facultas.wuv · Wien
Wilhelm Fink · München
A. Francke Verlag · Tübingen und Basel
Haupt Verlag · Bern · Stuttgart · Wien
Julius Klinkhardt Verlagsbuchhandlung · Bad Heilbrunn
Lucius & Lucius Verlagsgesellschaft · Stuttgart
Mohr Siebeck · Tübingen
Orell Füssli Verlag · Zürich
Ernst Reinhardt Verlag · München · Basel
Ferdinand Schöningh · Paderborn · München · Wien · Zürich
Eugen Ulmer Verlag · Stuttgart
UVK Verlagsgesellschaft · Konstanz
Vandenhoeck & Ruprecht · Göttingen
vdf Hochschulverlag AG an der ETH Zürich

„Grundbegriffe der europäischen Geistesgeschichte"
herausgegeben von Konrad Paul Liessmann

Elisabeth Holzleithner

Gerechtigkeit

facultas.wuv

Inhalt

Warum Gerechtigkeit?

Gerechtigkeit im Profil

Anhang

Warum Gerechtigkeit?

Ein Ideal und seine Bedeutungen

Gerechtigkeit ist ein ebenso viel beschworenes wie notorisch umstrittenes Ideal. Häufig gibt es keine Einigung darüber, was gerecht ist. Allerdings kann in einer ersten Annäherung festgehalten werden, worum es bei der Gerechtigkeit geht: Sie ist primär für Beziehungen unter Menschen relevant und gibt an, was wir einander wechselseitig *schulden*: an Verhalten, an Gütern und Lasten, an Rechten und Pflichten. David Hume (1751, 101) hat die Gerechtigkeit eine „vorsichtige", gar eine „argwöhnische Tugend" genannt. Denn sie kommt dann ins Spiel, wenn menschliche Bedürfnisse und Interessen divergieren oder sich auf dieselben knappen Güter richten. In den dadurch bedingten Konfliktsituationen strebt Gerechtigkeit nach einem annehmbaren Ausgleich, bei dem niemand übervorteilt werden soll. Damit ist auch angedeutet, was über die Forderungen der Gerechtigkeit hinausgeht, nämlich jene Verhaltensweisen und jene Haltungen, die moralisch bewunderungswürdig sind, die Menschen aber nicht unter Berufung auf die Gerechtigkeit voneinander verlangen können: Wohlwollen und Nächstenliebe ebenso wie Pflichten gegen sich selbst.

Personale Tugend und institutionalisierte Anforderung

Das deutsche Wort „gerecht" geht auf das 8. Jahrhundert zurück und wird zunächst im Sinn von „gerade", „richtig", „passend" verwendet. Erst im Mittelhochdeutschen (1050–1350) wird es zusätzlich in der Bedeutung „dem Rechtsgefühl entsprechend" gebräuchlich (Kluge 2002, 348). Die in anderen Sprachen verwendeten Begriffe sind „justice" (Englisch, Französisch), „iustitia" (Lateinisch) sowie „dikaiosýne" (Griechisch). Ihnen allen ist eine enge semantische Verbindung von Gerechtigkeit und Recht gemeinsam. So ist es kein Wunder, wenn viele Gerechtigkeitsprobleme als Rechtsfragen gezeichnet werden können. Allerdings erschöpft sich der Horizont des Begriffs darin nicht.

Gerechtigkeit wird in zwei Grundbedeutungen verwendet, die sich

bereits in den frühesten Werken über Gerechtigkeit wie der „Politeia"
von Platon (um 427–347 v. Chr.) oder der „Nikomachischen Ethik"
von Aristoteles (384–322 v. Chr.) finden: Sie zählt einerseits – neben
Mut, Besonnenheit und Weisheit – zu den vier Kardinaltugenden.
Insofern stellt Gerechtigkeit eine persönliche Haltung dar, die zu gerechten Handlungen motiviert. Andererseits wird sie als erforderliche
Qualität von und damit als normative Anforderung an Institutionen
konzipiert. Der Philosoph John Rawls (1921–2002) nennt sie gar die
„erste Tugend sozialer Institutionen" (Rawls 1971, 19).

Widmen wir uns zunächst der Gerechtigkeit als *personaler Tugend*.
Ganz grundsätzlich haben Tugenden „korrektive" Funktion. Das bedeutet, sie kommen dort zum Tragen, wo Versuchungen lauern und wo
Motivationsmängel davon abhalten könnten, das Richtige zu tun, und
daher des Ausgleichs bedürfen. Von den vier Kardinaltugenden gibt
es allein für die Gerechtigkeit keine spezifische Leidenschaft, die von
dieser Tugend in korrespondierender Weise gemäßigt werden müsste (Foot 2002, 8). Während sich typischerweise dem Mut die Feigheit,
der Weisheit die Dummheit und der Mäßigung die Gier in den Weg
stellt, kann fast jedes Verlangen Menschen dazu verleiten, ungerecht
zu handeln, indem sie die Rechte anderer nicht angemessen berücksichtigen. Aber nicht nur Emotionen mögen zu ungerechten Taten
motivieren. Bisweilen scheint es zu unserem Vorteil – und in diesem
instrumentellen Sinn rational –, Forderungen der Gerechtigkeit nicht
zu entsprechen. Und meist richtet sich die Intention auch gar nicht primär darauf, ungerecht zu handeln, sondern die Ungerechtigkeit wird
gleichsam als Nebenwirkung des Bestrebens, die eigenen Interessen
möglichst effizient zu verfolgen, in Kauf genommen. John Rawls (2001,
27) unterscheidet daher das Rationale vom Vernünftigen und stellt das
Vernünftige in den Dienst der Gerechtigkeit: Wer vernünftig handelt,
bezieht das, was anderen gerechterweise zusteht, immer schon in die
eigenen Interessenabwägungen ein.

In diesem Sinn wird man einer Person dann zusprechen, im „Voll-
sinn" gerecht zu sein, wenn sie aus der Selbstverständlichkeit gelebter Tugend heraus gerecht handelt. Das kann bedeuten, dass sie „aus
Pflicht" (Kant) zuwiderlaufende Impulse unterdrückt, oder dass sie es
einfach habituell nicht über sich bringt, ungerecht zu handeln (Anscombe 1958, 238), also etwa sich betrügerisch einen Vorteil zu erschlei-
chen. Sie zeichnet sich durch einen entwickelten Gerechtigkeitssinn
aus, der es ihr ermöglicht, Situationen zu erkennen, in denen gerechtes

Handeln geboten ist, und der sie dazu motiviert, dann auch gerecht zu handeln. Die Tugend der Gerechtigkeit bedarf somit immer beider Elemente: einer entsprechenden Gesinnung und der sich daraus ergebenden Handlung.

Warum richtet sich die Gerechtigkeitsforderung auch und insbesondere an *Institutionen*, warum nicht nur an einzelne Personen? Die Antwort auf diese Frage liegt in den vielfältigen Herausforderungen des menschlichen Zusammenlebens, das unter den „Anwendungsbedingungen der Gerechtigkeit" (Rawls 2001, 137ff.) steht. Damit sind vor allem zwei Umstände gemeint, in denen sich Menschen als endliche, bedürftige und verletzbare Wesen (O'Neill 1998, 515) typischerweise befinden. Dazu gehört erstens eine objektive Bedingung, nämlich die mäßige Knappheit von notwendigen und begehrenswerten Gütern. Die Knappheit kann sich daraus ergeben, dass diese Güter tatsächlich rar sind. Es kann aber auch sein, dass sie in ausreichendem Ausmaß vorhanden wären, dass sie aber nicht allen, die sie brauchen und wünschen, zugänglich sind. Im Schlaraffenland gibt es kein Knappheitsproblem, und damit stellt sich die Frage der Gerechtigkeit bei der Güterverteilung nicht. Demgegenüber sinken die Chancen für Gerechtigkeit, je desaströser die Knappheit ist, unter der eine Gesellschaft leidet. Wenn der gerechte Anteil so gering ist, dass damit das Überleben nicht gesichert werden kann, dann wird man versuchen, sich mehr zu verschaffen, auch wenn es einem gerechterweise gerade nicht zusteht.

Die zweite Anwendungsbedingung der Gerechtigkeit ist subjektiver Art. Die Vorstellungen davon, was man braucht, um das eigene Wohl zu befördern, sind höchst unterschiedlich – und mit ihnen jene Mittel, die Menschen einsetzen, um ihre Interessen zu realisieren. Dabei kommt es durch konkurrierende Ansprüche auf die verfügbaren Ressourcen zu Konflikten; Ansprüche, von denen die einzelnen Personen meinen, dass sie berechtigt sind. Das ist allerdings nicht immer der Fall. Dass die Betroffenen das nicht einsehen, muss nicht unbedingt an Rücksichtslosigkeit und Ignoranz liegen, sondern ist häufig einfach Ergebnis dessen, was Rawls (2001, 68) die „Bürden des Urteilens" nennt: Die menschliche Fähigkeit zu denken und zu urteilen ist begrenzt und perspektivisch; auch und gerade daraus ergeben sich Konflikte und das Bedürfnis nach gerechten Lösungen.

Beide Anwendungsbedingungen lassen es angezeigt erscheinen, den Umgang mit Gerechtigkeitsproblemen auf institutionalisierte Beine zu stellen, um Lösungen zu finden, die für alle Betroffenen akzeptabel sind. Aphoristisch könnte formuliert werden: Gerechtigkeit bedarf der Kooperation und Koordination ebenso wie Kooperation und Koordination der Gerechtigkeit bedürfen. Das Bestreben, in größerem Stil Gerechtigkeit zu verbürgen, oder zumindest Ungerechtigkeit abzumildern, ist eine umfassende, hochkomplexe Aufgabe: Sie erfordert die Koordination gemeinsamer Bemühungen, u. a. durch Umverteilung von Ressourcen. Soziale Institutionen sollen selbst gerecht aufgebaut und (daher) in der Lage sein, gerechte Verhältnisse herzustellen. In Theorien der Gerechtigkeit wird diese Aufgabe typischerweise dem Staat übertragen. Der Staat soll die gemeinschaftliche Behebung von Übeln (Ungerechtigkeit) koordinieren und so dafür sorgen, dass Missstände wirksam beseitigt werden. In seiner modernen Ausprägung scheint der Staat dafür insofern als prädestiniert, weil sein Agieren demokratisch legitimiert, nach bestimmten rechtlich generierten Regeln ablaufen und von der Intention getragen sein soll, die Rechte all jener zu schützen, die sich in seinem Herrschaftsbereich befinden.

Selbstverständlich ist der Staat nicht die einzige Zurechnungsgröße für koordiniertes Handeln mit dem Ziel, gerechte Verhältnisse herzustellen. Neben der durch den Staat zu verbürgenden „Binnengerechtigkeit" (Rawls 2001, 34) gibt es zwei weitere Ebenen: jene der lokalen und jene der globalen Gerechtigkeit. Der Begriff „lokal" (Elster 1992) ist mehrdeutig. Er kann sich etwa auf spezifische Bereiche beziehen, in denen Güter verteilt werden; ein Beispiel wäre das Gesundheitssystem. Es kann aber auch ein abgegrenzter geographischer Raum wie eine Gemeinde oder eine Region gemeint sein. Mit der dritten, der globalen Ebene begeben wir uns in die überstaatliche, internationale Dimension der Gerechtigkeit zwischen globalen Akteuren wie Nationalstaaten, transnationalen Unternehmen oder Nichtregierungsorganisationen (NGOs). Dabei haben wir es mit einem äußerst komplexen Geflecht wechselseitiger Beeinflussungen und Abhängigkeiten zu tun. Wie weitreichend diese Verflechtungen sind, kann man am Beispiel der in den Jahren 2008 und 2009 eskalierenden Krise des Finanzsystems und der darauf folgenden globalen Wirtschaftskrise sehen: Auf eine etwas polemische Kurzformel gebracht, ist die Weltwirtschaft ins Wanken geraten, weil in den USA die privaten Hauseigentümer ihre Kredite nicht mehr zahlen konnten und die amerikanischen Banken potenziell faule Kredite („subprimes") als Vermögenswerte teuer weiterverkauft hatten. Solche globalen Probleme verlangen nach globalen Lösungen – wenn es sie denn gibt.

Grundmaßstäbe: Gleichheit und Unparteilichkeit

In welcher Weise soll nun mit Konflikten darüber, was wem gerechterweise zusteht, umgegangen werden? Welche Maßstäbe gibt es, um solche Fragen beurteilen zu können? In einer ersten Annäherung kann zunächst auf Gerechtigkeitsformeln verwiesen werden, die seit der Antike bekannt sind. So findet sich bei Platon eine berühmte Formulierung des Dichters Simonides (um 557–467 v. Chr.), wonach Gerechtigkeit verfüge, „jedem das Seine" zukommen zu lassen. Demgegenüber betont Aristoteles den Stellenwert der Gleichheit als Kern der Gerechtigkeit. Deren grundlegendes Gebot besteht darin, Gleiches gleich und Ungleiches ungleich zu behandeln. In beiden Fällen wird freilich die Problematik nur verschoben, denn sofort stellen sich weitere Fragen: Wie lässt sich bestimmen, was einer Person als „das Ihre" zusteht? Und nach welchen Kriterien ist etwas ein „Gleiches" und daher auch gleich zu behandeln? „Gleich" bedeutet eben nicht „identisch", sondern „gleich in relevanten Hinsichten". Die Qualifikation von etwas als gleich ergibt sich nicht von selbst oder von Natur aus, sondern ist immer das Ergebnis von menschlichen Beurteilungen und Bewertungen.

Als unhintergehbar wird heute eine Grundvoraussetzung angesehen: die Anerkennung der Gleichheit aller Menschen als Menschen. So hat jeder Mensch das Recht auf gleiche Achtung und Berücksichtigung (Dworkin 1977, 439). Nach heutigem Verständnis verbietet Gerechtigkeit daher eine benachteiligende Ungleichbehandlung aus Gründen, die für die moralische Bewertung einer Person irrelevant sind: darunter das Geschlecht, die ethnische Herkunft, Religion und Weltanschauung, aber auch das Alter, die sexuelle Orientierung, eine Behinderung oder die soziale Position.

Aus dem Gebot der gleichen Achtung und Berücksichtigung folgt allerdings nicht immer die Forderung nach formaler Gleichbehandlung. Vielmehr müssen bei der Verteilung von Gütern bestimmte individuelle, strukturelle und soziale Besonderheiten beachtet werden. Das kann dazu führen, dass eine unterschiedliche Behandlung geboten ist, um über die Herstellung materieller Gleichheit zu einem gerechten Ergebnis zu kommen. Am Beispiel einer Behinderung kann dies ganz einfach gezeigt werden: Wenn nicht auf spezielle Bedürfnisse von Behinderten eingegangen wird, etwa im Bildungsbereich oder im Bereich des Zugangs zum öffentlichen Raum, dann kann von einem angemessenen, gerechten Umgang keine Rede sein.

Aber auch in verschiedenen anderen Zusammenhängen wird über die Anerkennung von Besonderheiten als Voraussetzung für Gleichheit diskutiert, beispielsweise mit Blick auf die Geschlechterdifferenz oder auf kulturelle Unterschiede. Formelle Gleichheit wird hier als Vorgabe kritisiert, welche diejenigen privilegiert, die sich aufgrund ihrer Machtposition selbst als Maßstab setzen können – und dies meist gar nicht bemerken. Eine angemessene Anwendung des Gleichheitsprinzips wird daher die platonische Forderung integrieren, dass „jedem das Seine" zukommt. Was das genau ist, wird freilich ebenso umstritten bleiben wie die Frage, was nun in welcher Hinsicht gleich oder ungleich ist. Es ist Aufgabe demokratischer Diskurse, bei der Beratung derartiger Fragen möglichst allen Betroffenen eine Stimme zu geben und einen Raum, in dem sie gehört werden.

In das Gebot der Gleichheit eingeschrieben ist das Kriterium der *Unparteilichkeit.* Danach ist es verboten, parteiliche Interessen in die Begründung wie in die Anwendung von Regeln der Gerechtigkeit hineinzutragen. Das bedeutet: Normen der Gerechtigkeit sind unparteilich anzuwenden (bei ihrer Anwendung darf keine Willkür geübt werden). Sie sind aber auch unparteilich zu begründen, denn die unparteiliche Anwendung einer parteilichen Norm ist eben nicht gerecht. Ein wichtiger Maßstab dafür, ob eine Norm unparteilich begründet oder angewendet wird, ist die Möglichkeit ihrer *Verallgemeinerbarkeit.* Sie findet sich in exemplarischer Weise im Kant'schen kategorischen Imperativ, wonach eine Regel dann gerechtfertigt werden kann, wenn sie sich als allgemeines Gesetz denken lässt (Kant 1785/86, 51).

Grundformen

Je nach Kontext erscheint Gerechtigkeit in unterschiedlichen Ausprägungen. Die folgende Einteilung ordnet Gerechtigkeit nach jenen sozialen Zusammenhängen, in denen sie zum Einsatz kommt: menschliche Herrschaftsverhältnisse (politische Gerechtigkeit); Verteilung von und Zugang zu Ressourcen (soziale Gerechtigkeit); Ausgleich von Unrechtsverhältnissen (korrektive Gerechtigkeit). Darüber hinaus werden noch Überlegungen angestellt, wie Konflikte über Gerechtigkeitsfragen abgewickelt werden können (Verfahrensgerechtigkeit).

Politische Gerechtigkeit befasst sich mit der Legitimation von Herrschaftsverhältnissen, seien sie lokal, staatlich oder global. Sie behandelt Fragen nach der gerechten Einrichtung politischer Institutionen und der Begrenzung politischer Macht: Was hat der Staat überhaupt gerechterweise zu regeln? Was sind also die Aufgaben der Sozietät, was soll demgegenüber der einzelnen Person überlassen bleiben? Welche Rechte und Pflichten sollen Menschen gegenüber institutionalisierten Machthabern zukommen? In modernen liberalen Demokratien spielt der Gedanke der Gleichheit eine ganz zentrale Rolle: Alle Bürgerinnen und Bürger sollen gleichermaßen politisch berechtigt sein und damit auch Verantwortung für die rechtlich-politischen Verhältnisse tragen können.

Bei der *sozialen Gerechtigkeit* geht es um die Frage des gerechten Zugangs zu Ressourcen, sei es bei der Zuteilung durch zuständige Agenturen (*Verteilungsgerechtigkeit, iustitia distributiva*) oder beim Erwerb auf dem mehr oder weniger freien Markt (*Tauschgerechtigkeit, iustitia commutativa*). Auf dem Spiel steht hier z. B., unter welchen Voraussetzungen und nach welchen Kriterien die Zuteilung bzw. der Erwerb von Gütern gerecht ist. Bei der Verteilung können dies etwa der Bedarf oder das Verdienst sein; beim Tausch die Wertäquivalenz – oder die Bereitschaft, auf dem Markt einen bestimmten Preis zu zahlen. Darüber hinaus stellt sich aber auch die Frage nach dem Verhältnis von Verteilungsgerechtigkeit und Tauschgerechtigkeit: Sollen bestimmte Güter dem Markt (weitgehend) entzogen sein, damit menschliche Grundbedürfnisse, unabhängig von der individuellen Ausstattung einzelner Personen mit Tauschwerten (wie Geld), befriedigt werden können? Fragen dieser Art werden im Zusammenhang mit der sogenannten Grundsicherung, aber auch bei der Allokation von Gesundheitsgütern kontrovers diskutiert.

Vielfach wird argumentiert, dass der Verteilungsgerechtigkeit die Aufgabe zukommt, jene Bedingungen zu schaffen, unter denen ein gerechter Austausch überhaupt erst möglich ist. Der Begriff der distributiven Gerechtigkeit ist hier weit zu verstehen und beinhaltet nicht nur Güter, sondern auch politische Rechte und Pflichten. Demzufolge bedarf es zunächst der Verteilung von grundlegenden Rechten und Gütern, um jene Voraussetzungen herzustellen, die eine Begegnung unter Gleichen gewährleistet. Aus dieser Perspektive ist die distributive Gerechtigkeit vorrangig (z. B. Gosepath 2004, 84f.). Demgegenüber argumentiert Höffe (2007, 68f.) für den Vorrang der Tauschgerechtigkeit und des damit verbundenen Prinzips der Gleichwertigkeit von Gütern und Leistungen. Denn man könne nur das verteilen, was bereits erarbeitet worden sei. Er schlägt daher vor, Sozialleistungen als zeitlich versetzte Tauschvorgänge zu interpretieren: Diejenigen, die im Rahmen der sozialen Kooperation Güter und Leistungen erzeugen und anbieten, tauschen diese Leistungen gegen jene Hilfestellung, die sie erfahren, wenn sie selbst hilflos sind: als Kinder, als sozial bedürftige, kranke, behinderte oder alte Menschen.

Ein besonders brisantes Feld ist der Ausgleich von Unrechtsverhältnissen durch *korrektive Gerechtigkeit*. Ihr Maß ist die Angemessenheit mit Blick darauf, was jemand durch einen Übergriff erlitten hat. Es geht dabei u. a. um Eingriffe in Leib, Leben, Freiheit, Eigentum und das Ansehen einer Person. Daraus entsteht eine Schuldigkeit der geschädigten Person gegenüber. Sie kann in zwei Dimensionen unterteilt werden: Erstens erwächst daraus die Pflicht, den Schaden, so weit es geht, wieder gutzumachen. Allerdings wird die Wiedergutmachung häufig nicht als hinreichende Maßnahme gesehen. Bei gravierenden Eingriffen wird zweitens die Notwendigkeit einer Bestrafung gesehen (*Strafgerechtigkeit*). Während früher primär Forderungen nach Vergeltung vorgebracht wurden, stehen heute die Gedanken der Prävention und Wiedergutmachung im Vordergrund.

Zuletzt ist nun noch die Frage aufzuwerfen, auf welche Weise man zu gerechten Ergebnissen kommen könnte. Wenn es um konkrete Fälle geht, etwa die Verteilung von Gütern oder die Abwicklung eines Unrechtsverhältnisses, ergibt sich das Resultat ja nicht von selbst. Vielmehr bedarf es *Verfahren*, in deren Rahmen gerechte Ergebnisse zumindest angestrebt werden können. Je nach Problematik müssen sie unterschiedlich ausgestaltet sein. Die Aufgabe besteht jeweils darin, dass jene, die mit ihren Vorstellungen und Forderungen nicht durchdringen, dennoch das Ergebnis als akzeptabel annehmen können. Zu den wesentlichen Voraussetzungen für die Legitimität von Verfahren gehört z. B. die Möglichkeit aller von einer Problematik betroffenen Personen, an jenen Vorgängen teilzunehmen, in denen über ihre Angelegenheiten entschieden wird (Partizipation). Dieses Prinzip gilt für die Ausgestaltung der Verfahren politischer Mitbestimmung ebenso wie für die Institutionalisierung von Straf- und Zivilprozessen. Dabei spielt wiederum das Prinzip der Unparteilichkeit als zentrale Anforderung an die richterliche Tätigkeit eine ganz bedeutende Rolle.

Im Bereich des Rechtswesens kann man von *unvollkommener Verfahrensgerechtigkeit* sprechen. Denn selbst wenn das Verfahren fair und angemessen eingerichtet ist und alle Regeln eingehalten werden, kann es zu ungerechten Ergebnissen kommen. Ein klassisches Beispiel dafür ist der Prozess gegen Sokrates, der wegen Verachtung der Götter und Verführung der Jugend in einem nach den Maßstäben seiner Zeit formal korrekten Verfahren zum Tode verurteilt wurde. Inhaltlich handelte es sich aber um ein Fehlurteil (Stone 1990). Aus heutiger Perspektive könnte man sogar sagen, dass das Urteil jedenfalls als ungerecht qualifiziert werden muss, weil die Todesstrafe an sich schon falsch ist.

Fälle der *vollkommenen Verfahrensgerechtigkeit* zeichnen sich demgegenüber dadurch aus, dass der Maßstab ebenso vorgegeben ist wie die Methode, nach der vorgegangen werden soll. Als Beispiel gilt eine Situation, in der mehrere Personen vor der Aufgabe stehen, eine Torte zu verteilen. Es gilt, dass jede Person daran interessiert ist, ein möglichst großes Stück zu bekommen. Unter diesen Umständen wird das Problem so gelöst, dass jene Person, die die Torte zerteilt, sich erst am Schluss ihr Stück nehmen darf. Es ist nur dann möglichst groß, wenn sie alle Stücke gleich groß abschneidet (Rawls 1971, 106).

Ein Ideal und die Wissenschaften

Verschiedene wissenschaftliche Disziplinen widmen sich der Frage der Gerechtigkeit. Sie gehört zu den ältesten Themen der *Philosophie*. Von Anfang an bemühte sie sich um eine adäquate Formulierung dessen, was es bedeutet, Gerechtigkeit zu üben. Diese Frage wird mit Blick auf die einzelne Person, ihre Haltungen und Handlungen ebenso gestellt wie hinsichtlich sozialer Institutionen. Zu Beginn (und im Verlauf der Geschichte immer wieder) stand die Befassung damit stark unter dem Eindruck religiöser Diskurse; die Frage nach der Gerechtigkeit unter göttlichen Vorzeichen wurde aber zunehmend der *Theologie* überlassen, von der sich die philosophische Gerechtigkeitsdebatte emanzipiert hat.

Philosophische Auseinandersetzungen lassen sich in Begründungs- und Anwendungsdiskurse unterscheiden: *Begründungsdiskurse* machen Vorschläge, wie über Gerechtigkeit überhaupt nachgedacht werden soll, worauf Prinzipien der Gerechtigkeit gegründet werden können und welche Prinzipien dies vorzugsweise sind: etwa jenes der gleichen Achtung und Rücksichtnahme oder die Vorgabe des gleichen Werts von Gütern, wenn diese getauscht werden. Solche grundlegenden Konzepte können zu großen Theorien der sozialen und politischen Gerechtigkeit gebündelt werden (z. B. egalitäre oder libertäre Ansätze; Liberalismus oder Kommunitarismus). In *Anwendungsdiskursen* werden demgegenüber einzelne Fragen der Gerechtigkeit analysiert, gegebenenfalls im Lichte verschiedener Theorien: Soll die Steuerbelastung für einzelne Gruppen erhöht werden, um die Finanzierung des Gesundheitssystems durch staatliche Subventionierung zu gewährleisten? Wie sollen überhaupt knappe medizinische Güter verteilt werden? Können militärische Mittel im Rahmen einer „humanitären Intervention" gerechtfertigt sein, um eine humanitäre Katastrophe zu verhindern? Gibt es ihn also wirklich, den „gerechten Krieg"?

Ebenfalls auf der normativen Ebene befinden wir uns, wenn wir die klassische Frage nach dem Stellenwert der Gerechtigkeit in der *Rechtswissenschaft* stellen. Ist Recht darauf angelegt, gerechte Verhältnisse zu schaffen, oder ist es bloß ein Instrument, mit dem beliebige politische Ziele möglichst effizient verfolgt werden können? Damit verbindet sich eine weitere Frage: Soll es Konsequenzen haben, wenn einzelne rechtliche Bestimmungen – oder gar ganze Rechtsordnungen – hochgradig ungerecht sind? Wenn ja, an welchem Maßstab soll dies gemessen werden? Inwieweit ist es gerechtfertigt oder möglicherweise sogar geboten, gegen horrend ungerechtes Recht vorzugehen?

Gerechtigkeit spielt auch in der nationalen und internationalen Politik eine Rolle sowie in den *Politikwissenschaften*, sofern sich diese nicht nur als empirische, sondern (auch) als normative Wissenschaften verstehen, vor allem an der Schnittstelle zur politischen Philosophie. In der *Medizin* stellen sich Fragen der Gerechtigkeit bei der Verteilung von Gesundheitsgütern. Dabei geht es insofern auch um genuin medizinische Fragen, als die Medizin Kriterien zur Verfügung stellt, anhand derer etwa zu beurteilen ist, ob es gerechtfertigt werden kann, eine bestimmte teure Behandlung (noch) durchzuführen.

Im Unterschied zu solchen normativen Ansätzen befasst sich die erst in den letzten Jahrzehnten aktuell gewordene *empirische Gerechtigkeitsforschung* mit den tatsächlich in der Gesellschaft vorhandenen Motiven für gerechtes Handeln und anderen damit verbundenen Fragen: Wie gelangen Menschen dazu, bestimmte Gerechtigkeitsperspektiven einzunehmen? Gibt es soziale oder politische Bedingungen, von denen dies abhängt? Welchen Stellenwert haben Gerechtigkeitsüberlegungen im Alltag (Liebig / Lengfeld 2002, 8; für eine Kombination von empirischer Gerechtigkeitsforschung und normativer Theorie siehe Miller 1999)?

Schließlich werden Themen der Gerechtigkeit auch in der *Populär-* wie der *Hochkultur* verarbeitet. Nicht zu Unrecht betont die Philosophin Judith Shklar (1984, 1), die besten Ausführungen zum Thema der Ungerechtigkeit, beispielsweise durch Verrat oder Grausamkeit, fänden sich weniger in abstrakten philosophischen Abhandlungen als in den (klassischen) Werken der Literatur. Daraus hat sich ein eigener Zweig juristischer Ausbildung entwickelt, der vor allem an amerikanischen Universitäten gelehrt wird: Unter dem Titel „Law and Literature" wird die Auseinandersetzung mit literarischen Texten eingesetzt, um die Urteilskraft von angehenden Juristinnen und Juristen zu schulen.

Ein Ideal als Leerformel?

Charakteristisch für in der Öffentlichkeit geführte Gerechtigkeitsdebatten sind bisweilen große Frustrationen in Teilen der Bevölkerung. Vielfach ist der Eindruck entstanden und wird auch lautstark artikuliert, dass Recht und Politik mit Gerechtigkeit nichts (mehr) zu tun haben. Viele politische Forderungen nehmen für sich in Anspruch, für mehr Gerechtigkeit zu sorgen – doch die Menschen verlieren den Glauben daran, dass solche Versprechen auch eingehalten werden. Gerechtigkeit scheint zur Leerformel geworden zu sein (Möhring-Hesse 2005a, 5), der man sich bedient, um Menschen in die Gefilde einzelner politischer Parteien zu locken. Das schwindende Vertrauen ist ein Problem, sind es doch genau Recht und Politik, welche den Löwenanteil der Last der Realisierung gerechter Verhältnisse tragen sollen: Wer sonst, außer demokratisch legitimierte Institutionen, soll denn im großen Maßstab für gerechte Verhältnisse sorgen? Dieser Aufgabe müssen sie sich durch entsprechenden Einsatz auch als würdig erweisen. Die Institutionalisierung gerechter Verhältnisse bedarf gemeinsamer Anstrengungen von allen Seiten: Von jenen, die innerhalb von Institutionen Regelungen schaffen und anwenden, ebenso wie von jenen, die diese Institutionen in Anspruch nehmen, um ihre Interessen zu verfolgen.

Der Hinweis auf die *Gemeinsamkeit* der Anstrengungen verweist auch darauf, dass Gerechtigkeit sich nicht einfach so einstellt: Wenn sich alle darauf verlassen, dass die jeweils anderen gerecht handeln, dann kann es weder gerechte Verfahren noch gerechte Ergebnisse geben. Als Beispiel dafür mag die bekannte Erzählung über die Einwohner des Dorfs Schilda dienen, die ein Fass Wein abliefern sollen. Als die Empfänger den Wein kosten wollen, stellt sich heraus, dass das ganze Fass voller Wasser ist: Jeder einzelne Bürger hatte eine Flasche Wasser in das Fass geleert – im Vertrauen darauf, dass die anderen schon Wein beitragen würden. Trittbrettfahren ist nicht nur unfair, sondern zerstört in letzter Konsequenz seine eigenen Voraussetzungen.

Gerechtigkeit im Profil

1

Zur Geschichte der Gerechtigkeit

Das folgende Kapitel umspannt Jahrtausende europäischer Geistesgeschichte. Es beginnt im antiken Griechenland mit den Sophisten, Platon und Aristoteles. Die Geschichte wird fortgeführt mit mittelalterlichen Überlegungen, die unmittelbar an die antiken Konzepte anknüpfen, ihnen aber durch die Aufnahme christlicher Gedanken eine eigene Wendung geben. Das Denken der Neuzeit bringt eine weitere Akzentverlagerung: In den Mittelpunkt rückt das Thema der gleichen Freiheit. Es ist getragen von der aufklärerischen Prämisse, dass alle Menschen gleich an Würde und Rechten geboren sind und dass die Gerechtigkeit diesem Gedanken Rechnung tragen muss.

Das 19. Jahrhundert sieht mit dem Aufkommen des Utilitarismus und der Zuspitzung der „sozialen Frage" eine Intensivierung der Diskussionen über soziale Gerechtigkeit, in der Folge aber auch eine neuartige und fundamentale Kritik. Dies zeigt sich besonders deutlich in den Schriften des Marxismus. Die Frage nach der Verteilung des gesellschaftlichen Reichtums, der Chancen und Risiken, die in der modernen Welt existieren, stellt eine bleibende Herausforderung für jede Gerechtigkeitsdebatte dar.

Griechische und römische Antike

Am Anfang, so könnte man sagen, war die Idee der kosmischen oder göttlichen Gerechtigkeit. Sie beruht auf der Vorstellung, es gäbe bestimmte Gesetze der Natur, die dem menschlichen Handeln einen unverfügbaren Rahmen vorgeben. Demzufolge wäre es bloß Aufgabe der Menschen, die göttlichen Gebote und Verbote zu erkennen und sich entsprechend daran zu halten. Antigone berief sich auf die „ungeschriebenen Gottgebote, die wandellosen, die nicht von heute oder gestern stammen" (Sophokles, Antigone, Verse 471ff.), als sie sich gegen König Kreon von Theben auflehnte, der ihr verbieten wollte, ihren Bruder Polyneikes zu bestatten. Gerechtigkeit war somit von Religion nicht zu trennen und wurde auch eingesetzt, um die herrschenden Verhältnisse zu kritisieren.

„Der Mensch ist das Maß aller Dinge", formulierte dagegen der Sophist Protagoras (490–411 v. Chr.) und brachte damit den Willen zur Emanzipation von allen scheinbar unverfügbaren theologischen oder metaphysischen Vorgaben auf den Punkt. Alles konnte und musste in Frage gestellt werden, keine Erkenntnis durfte für sich in Anspruch nehmen, wahr und richtig zu sein. Die Kunst der Sophisten bestand dementsprechend darin, jeden Gegenstand aus allen denkbaren Perspektiven zu betrachten und für jedes mögliche Ergebnis überzeugende Argumente zu finden. Auch die Gerechtigkeit wurde diesem Verfahren unterzogen.

Die philosophische Betrachtung galt etwa den Quellen der Gerechtigkeit. Zwei Standpunkte können unterschieden werden: Entweder war das Gerechte durch die Natur, Gott oder den Kosmos bereits vorgegeben, oder es verdankte sich (ausschließlich) menschlicher Setzung (*thesis*) bzw. ging zurück auf Tradition und Herkommen (*nomos*) (Horn / Scarano 2002, 20). Die Möglichkeit, die zweite Perspektive einzunehmen, ergab sich durch Begegnungen der Griechen mit anderen Kulturen, die abweichende Vorstellungen von Gerechtigkeit an den Tag legten. Solche Unterschiede können prinzipiell auf zwei Arten gedeutet werden: erstens als Verstoß gegen vorgegebene und unhintergehbare Gerechtigkeitsprinzipien, zweitens als Ausdruck jener legitimen Vielfalt, die daher rührt, dass die Menschen selbst die Prinzipien und Regeln ihres Zusammenlebens schaffen.

Aber auch unter Berufung auf die Natur werden die unterschiedlichsten Ergebnisse generiert: Kallikles etwa entnimmt ihr das Prinzip, es sei nur gerecht, den Starken Privilegien zu verleihen, denn diese würden mit ihrer Macht und Kraft das Gemeinwesen vorantreiben. Aus dieser Perspektive kritisiert der Autor seine zeitgenössische Rechtsordnung: Sie mache den Schwachen zu viele Zugeständnisse. Demgegenüber verteidigt Antiphon, wiederum unter Rekurs auf die Natur, die genau entgegengesetzte These: Aus einer demokratischen Position heraus kritisiert er die Gesetze, weil sie die natürliche Gleichheit aller Menschen verletzen. Sichtlich haben beide Autoren ihre eigenen Vorstellungen in die Natur hineingelegt, bevor sie sie daraus angeblich bezogen haben.

Die Kontroversen betreffen aber nicht nur Quellen und Inhalt der Gerechtigkeit, sie gehen noch tiefer: In sarkastischem Ton wird ganz grundsätzlich die Frage gestellt, welchen Sinn es macht, gerecht zu sein. Polos meint, Unrechttun sei „unschöner" als das Erleiden von Ungerechtigkeit. Kallikles widerspricht: Das Unschöne sei im Gegenteil immer das Nachteiligere, und das sei doch ganz eindeutig das Unrechtleiden. Wer ungerecht handle, könne sich dadurch häufig einen Vorteil erwerben, und darin liege gar nichts Schlechtes, wird er bei Platon zitiert (Gorgias 482c4–484b1). In Platons Dialogen ist es Sokrates (469–399 v. Chr.), der seine ganze argumentative Energie aufbringt, um solch eine zynisch-egozentrische Haltung zu überwinden. Gegen alle sophistischen Einwände besteht er durchgängig darauf, dass gerechtes Verhalten geboten ist, und zwar keinesfalls nur dann, wenn es nützliche Folgen zeitigt und daher klug ist, sondern weil es *an sich* gut ist (Platon, Politeia 358a).

Für Platon (um 427–347 v. Chr.) ist die Gerechtigkeit die höchste Tugend. Darüber steht nur noch die Idee des Guten als Universalnorm, an der alle Tugenden als ihre Erscheinungsformen zu messen sind (Demandt 1999, 59). Der Gerechtigkeit kommt die Aufgabe zu, eine Balance zwischen den drei Seelenkräften herzustellen, denen jeweils eine Tugend zugeordnet ist: die Weisheit der Vernunft; der Mut der Tatkraft; die Mäßigung dem Begehren. Die Gerechtigkeit ist die vermittelnde Instanz: Sie sorgt dafür, dass die drei Grundkräfte jeweils bestmöglich eingesetzt werden.

Gerechtigkeit bezeichnet somit einen Zustand des Wohlgeordnetseins. Das gilt nicht nur für die Seele der einzelnen Person, sondern auch für die Polis. An ihrem Beispiel macht Platon in Form einer Analogie deutlich, worum es bei der Gerechtigkeit geht: Er betrachtet sie „am Staat als dem größeren Objekt" (Politeia 368e). Hier kommt Platon zu seinem entscheidenden Punkt: Die Güte des Staates beruht seiner Ansicht nach darauf, dass alle das tun, was sie am besten können: Jeder tue das Seine und mische sich nicht in Dinge, die ihn nichts angehen (Politeia 433a–e). Nur so kann eine wohleingerichtete Ordnung funktionieren und Gerechtigkeit etablieren.

Die Herrschenden sind dazu angehalten, dieses Prinzip zu beachten, wenn sie Rechtssachen schlichten. In ihren Entscheidungen sollen sie danach streben, „dass einem jeden weder Fremdes zugeteilt noch ihm das Seinige genommen werde" (Politeia 433e). Die Macht der Herrschenden ist dadurch beschränkt, dass ihr Handeln den davon Betroffenen nützen soll. Ein Amt bringt Verantwortung mit sich, und ihr gerecht zu werden, wird zur Grundlage legitimer Herrschaft. Dieser Ansatz stellt einen Kontrapunkt zum herkömmlichen adligen Verständnis von Ehre dar, das ohne Gerechtigkeit auskam (Böckenförde 2002, 77).

Platon befasst sich ausführlich mit Fragen der Gesetzesgerechtigkeit, mit der guten Ordnung der Polis und der inneren Harmonie der Seelenkräfte. Demgegenüber bleiben die Beziehungen der Menschen untereinander, etwa in ihren Austauschverhältnissen, ausgeblendet. Daher kommt seinem Schüler Aristoteles (384–322 v. Chr.) das Verdienst zu, die erste elaborierte Theorie der Gerechtigkeit entwickelt zu haben. Sie findet sich im 5. Buch der „Nikomachischen Ethik" (NE) und etabliert ein Vokabular, das bis heute gebräuchlich ist. Zunächst nimmt Aristoteles eine ganz grundsätzliche Differenzierung vor, indem er die universale Gerechtigkeit als vollkommene Tugend von der partikularen Gerechtigkeit unterscheidet. Beiden Arten der Gerechtigkeit ist gemeinsam, dass sie prinzipiell auf das Verhältnis der Menschen untereinander bezogen sind (NE 1129b). Darin unterscheidet sich die Gerechtigkeit auch von allen anderen Tugenden.

Gerecht im Sinne der *universalen* Gerechtigkeit agiert, wer die Gesetze achtet. Wie ist das zu verstehen? Aristoteles verwendet einen weiten Gesetzesbegriff. Gemeint sind nicht nur Verfügungen des menschlichen Gesetzgebers, sondern auch solche Gesetze, von denen man annimmt, dass sie natürlichen oder göttlichen Ursprungs sind sowie bewährte soziale Konventionen. Gerechtigkeit wird hier umfassend verstanden: als vollkommene Gutheit des „Charakters". Aus diesem Grund stimmt Aristoteles jenen zu, die Gerechtigkeit für die bedeutendste Tugend halten, und er proklamiert: „[W]eder der Abendstern noch der Morgenstern ist so wunderbar" (NE 1129b).

Von der Perspektive der Gerechtigkeit als umfassende Tugend grenzt Aristoteles, und dies gilt als seine zentrale Innovation (Bien 1995, 138), die *partikulare* Gerechtigkeit ab: Sie wird dann realisiert, wenn Güter angemessen verteilt werden. Dabei sind zwei unterschiedliche Dimensionen zu beachten: die Verteilung von Gütern im Sinne der austeilenden Gerechtigkeit und der Austausch von Gütern im Sinne der ausgleichenden Gerechtigkeit, etwa im Bereich vertraglicher Beziehungen.

Die *Verteilungsgerechtigkeit* ist bei der Distribution öffentlicher Güter gefragt: darunter befinden sich Ämter ebenso wie materielle Güter oder öffentliches Ansehen. Maßstab für die Verteilung ist bei

Aristoteles die Würdigkeit: Wenn diese geachtet wird, dann kann von einem angemessenen Vorgehen gesprochen werden. Wer an Ansehen gleich ist, bekommt auch gleiche Güter. Je nach Perspektive werden freilich unterschiedliche Kriterien herangezogen, um Gleichheit oder Ungleichheit des Ansehens festzustellen. Aristoteles' einschlägige Betrachtungen beziehen sich auf die Anhänger diverser Regierungsformen und ihre entsprechenden Wahrnehmungen: „[A]lle stimmen darin überein, dass das Gerechte bei Verteilungen einer Art von Würdigkeit entsprechen muss, doch nennen nicht alle dieselbe Würdigkeit, sondern die Demokraten nennen den Status des freien Menschen, die Oligarchen den Reichtum, manche auch die adlige Abstammung, die Aristokraten die Gutheit des Charakters" (NE 1131a).

Wenn es um die Frage der *Gerechtigkeit in den vertraglichen Beziehungen* unter den Menschen geht, soll demgegenüber das Ansehen oder der Status der Person keine Rolle spielen. Hier geht es ausschließlich um den Wert der getauschten Güter bzw., bei unfreiwilligen Beziehungen durch heimliche oder gewalttätige Übergriffe, um die Höhe des Schadens. Das Ziel besteht jeweils darin, *Äquivalenz* herzustellen. Demzufolge ist ein Tausch dann gerecht, wenn alle Werte in jener Höhe erhalten, die sie eingebracht haben (NE 1132b).

Gerechtigkeit bzw. deren Realisierung bestimmt Aristoteles ganz generell als Mitte zwischen Unrechttun und Unrechtleiden. Sichtlich geht es hier nicht einfach um eine menschliche Tugend oder Haltung der Rechtschaffenheit, sondern Aristoteles hat Handlungen und Ergebnisse im Auge, die als gerecht oder ungerecht eingestuft werden können. Darüber hinaus bestimmt er die Gerechtigkeit aber auch als eine personale Grundhaltung. Sie besteht darin, dass jemand aus freien Stücken gerecht handelt. Wie verhalten sich Handlung und Haltung zueinander? Aristoteles betont die Möglichkeit, dass ein Mensch Unrecht tut, „ohne deswegen schon ungerecht zu sein" (NE, 1134a). Eine Handlung kann nur dann als gerecht oder ungerecht bezeichnet werden, wenn sie auf einer freien Entscheidung beruht. In diesem Sinne ist eine Handlung nur dann gerecht, wenn sie auch als gerecht intendiert ist. Dementsprechend ist auch ein ungerechter Charakter nur, wer sich bewusst zu einer verwerflichen Handlung entschieden hat (NE, 1136a). Ungerechte Handlungen aus Leidenschaft können demgegenüber auch dem gerechtesten Menschen unterlaufen.

Für die Anwendung von Recht und Gerechtigkeit stellt Aristoteles ein spezielles Prinzip auf, das helfen soll, etwaige Härten zu vermeiden:

die *Billigkeit*. Der Philosoph geht von der Erfahrung aus, dass Normen
verallgemeinern. In ihrer Anwendung auf den Einzelfall können sie
daher unerwünschte Folgen zeitigen, wenn sie der speziellen Kons-
tellation des Falls bzw. der besonderen Situation der handelnden Personen nicht gerecht werden. In einem solchen Fall, meint Aristoteles,
soll man davon absehen, das Recht in aller Schärfe zur Anwendung zu
bringen; man soll vielmehr nach billigem Ermessen entscheiden. Damit wird das Gesetz dort korrigiert, wo es auf Grund seiner Tendenz
zur generalisierenden Vereinfachung fehlgeht. Der Fall ist dann so zu
entscheiden, wie der Gesetzgeber selbst ihn geregelt hätte, wäre er sich
der Problematik bewusst gewesen (NE 1137b).

Die Errungenschaften der aristotelischen Überlegungen zur Gerechtigkeit sind unbestritten. Bei aller Innovativität darf allerdings eine
ganz wesentliche Einschränkung nicht übersehen werden: Gerechtigkeit ist ein Ideal, das nur für die freien Bürger untereinander und
in der Polis gilt. Die Beziehungen im Haus, zwischen dem Vater und
Herren auf der einen Seite, seiner Frau, seinen Kindern, Sklavinnen
und Sklaven auf der anderen Seite, sind von Herrschaft und Unterordnung gekennzeichnet. Recht und Gerechtigkeit sind noch nicht auf die
Menschheit als solche bezogen (Böckenförde 2002, 116). An dieser
Problematik wird die europäische Geisteswelt noch die längste Zeit
laborieren.

Wie seine griechischen Vorgänger schreibt auch der römische Ge-
lehrte Cicero (106–43 v. Chr.) der Gerechtigkeit einen besonderen Stellenwert zu: Sie ist für ihn als wichtigste der vier Kardinaltugenden die
„Königin der Tugenden" (De Officiis III, 28), und sie dient dazu, die
anderen Tugenden in ihrer Reichweite zu begrenzen. Am Beispiel der
Großzügigkeit lässt sich dies illustrieren: Freunden gegenüber generös
zu sein ist nur dann zulässig, wenn man damit nicht gegen andere ungerecht handelt.

Zentral für Ciceros Zugang zur Gerechtigkeit ist seine Annahme
der grundsätzlichen Gemeinschaftsbezogenheit von Menschen. Damit
ist aus seiner Sicht die Verpflichtung verbunden, sich für das Wohl der
Gemeinschaft zu engagieren. Unter Gemeinschaft versteht Cicero nicht
nur jene der Mitbürger, sondern auch „die alle umfassende Gemeinschaft der Menschheit". Sie zu achten gebietet es, auch auf Ausländer
Rücksicht zu nehmen. Gerechtigkeit ist unter diesen Vorzeichen eine
vernunftgemäße Verhaltensweise, die „die Zusammengehörigkeit der
Menschen untereinander" fördert (De Officiis I, 20). Eine Grundfor-

derung der Gerechtigkeit sieht Cicero darin, niemandem zu schaden. Dies wird etwa dadurch realisiert, dass man in vertraglichen Verhältnissen auf die Gegenseitigkeit der ausgetauschten Leistungen achtet und sich des im Rahmen solcher Beziehungen investierten Vertrauens als würdig erweist. Damit ist eine ganz grundlegende Tugend angesprochen: die *Verlässlichkeit* (*fides*; De Officiis I, 23). Denn ein System des wechselseitigen Gebens und Nehmens kann nur funktionieren, wenn Menschen zu ihren Zusagen stehen.

Zur Vertiefung wirft Cicero einen prüfenden Blick auf verschiedene Arten, *ungerecht* zu handeln. Dabei fokussiert er ganz besonders darauf, wie Ungerechtigkeit im Gewand angeblich gerechter Vorgaben erscheinen kann. Dazu zählt Cicero juristische Spitzfindigkeiten, beispielsweise die Umgehung von Vereinbarungen durch das Ausnützen von Lücken: Ein Waffenstillstand kann so interpretiert werden, dass er nur für den Tag gilt; wenn unter Berufung darauf in der Nacht die Felder verwüstet werden, handelt es sich um eine Ungerechtigkeit im Gewande juristischer Argumentation (De Officiis I, 33). Ungerechtigkeit kann aber auch geschehen, indem das rechte Maß bei der Bestrafung von Verbrechen überschritten wird. Cicero plädiert hier generell für Zurückhaltung: „Und es genügt vielleicht, dass derjenige, der herausfordernd gehandelt hat, sein Unrecht bereut, sodass er selbst nichts derartiges künftighin verübt und die übrigen weniger rasch mit Unrecht bei der Hand sind" (De Officiis I, 34). Wenn angebliche Gerechtigkeitsforderungen auf die Spitze getrieben werden, kann dies zu großem Schaden führen. Cicero bringt diesen Gedanken in einem klassischen Satz auf den Punkt: „summum ius, summa iniuria" („höchstes Recht ist höchste Ungerechtigkeit"; De Officiis I, 33).

Bei der Frage danach, wer im Gerechtigkeitsdiskurs zählt, ist die Forderung Ciceros herauszustreichen, es sei auch jenen gegenüber Gerechtigkeit zu üben, die niedrig gestellt sind. In seine Überlegungen bezieht er auch die Sklaven ein, die zu seiner Zeit in der niedrigsten Position sind. Cicero empfiehlt, sie so zu behandeln wie „Tagelöhner: ihre Leistung sei zu fordern, der gerechte Lohn zu gewähren" (De Officiis I, 41). Darin liegt eine für seine Zeit bemerkenswerte, wenn auch nur indirekte Anerkennung des Subjektcharakters von Sklaven, die definitionsgemäß als Eigentum gelten.

Mittelalter

Das mittelalterliche Gerechtigkeitsdenken baut auf antiken Vorbildern auf, unterscheidet sich aber durch eine ganz markante Neuerung: den Einfluss des Christentums, insbesondere des Neuen Testaments. Gerechtigkeit kennt nun zwei Gegenbegriffe: Neben die Ungerechtigkeit tritt die Sünde im Sinne eines Verstoßes gegen göttliche Gebote. Das Nachdenken richtet sich daher darauf, wie sich Menschen verhalten müssen, um vor Gott als gerecht gelten zu können. Die christlichen Kirchenväter beziehen sich in ihren Überlegungen auf die Texte von Platon und die ab Mitte des 13. Jahrhunderts in lateinischer Übersetzung zugängliche „Nikomachische Ethik" des Aristoteles. Ihre eigenen Konzepte sind demzufolge Kombinationen aus philosophischen und spezifisch christlichen Aspekten.

Thomas von Aquin (1225–1274), der vielleicht wichtigste westliche Denker des Mittelalters, knüpft in seinen Überlegungen an die „Nikomachische Ethik" an. Das Spezielle an der Tugend der Gerechtigkeit im Vergleich zu den anderen Tugenden liegt für ihn wie schon für Aristoteles darin, dass sie auf die Beziehungen der Menschen untereinander bezogen ist: „iustitia est ad alterum" (Summa Theologiae II-II, q. 57, a. 1; vgl. Aristoteles, NE 1129b25). Mit den eigenen Taten und Werken anderer gegenüber befindet man sich quasi definitionsgemäß im Bereich der Gerechtigkeit: „circa actiones est iustitia, wo immer äußeres Handeln ist, da ist Gerechtigkeit oder Ungerechtigkeit im Spiel" (Pieper 2004, 84). Anknüpfend an Aristoteles' Begriffsbestimmungen unterscheidet Thomas von Aquin drei Arten der Gerechtigkeit: die Tauschgerechtigkeit im Verhältnis der Menschen untereinander, die Verteilungsgerechtigkeit im Verhältnis zwischen dem Gemeinwesen und der einzelnen Person sowie die legale Gerechtigkeit als allgemeine Tugend (Lutz-Bachmann 2000, 9).

Bei der *Tauschgerechtigkeit* geht es um das Verhältnis von Leistung und Gegenleistung, wobei der Wert der getauschten Güter äquivalent sein soll. Thomas von Aquin spricht hier jeweils von *restitutio*, also von der *Wiederherstellung* gerechter Verhältnisse, und zwar nicht nur dort, wo der geschuldeten Leistung ein Eingriff vorangegangen ist (der einen Akt korrektiver Gerechtigkeit notwendig macht), sondern ganz generell. Damit nimmt er eine spezielle Perspektive ein: Ungerechtigkeit gilt gleichsam als Normalzustand; Gerechtigkeit ist ein Ideal, dem man sich bei dem Versuch, ungerechte Verhältnisse auszugleichen, nur unvollkommen annähern kann. Die *Verteilungsgerechtigkeit* spricht die Frage der Gerechtigkeit bei der Machtausübung an. Hier tritt der Einzelperson eine Macht gegenüber, die das Gemeinwesen repräsentiert. Charakteristisch an der Situation ist, dass die Einzelperson selbst Teil des sozialen Ganzen ist, dessen Aufgabe darin besteht, ihr das zukommen zu lassen, was ihr vom *bonum commune* her zusteht (Pieper 2004, 125).

Aus der Notwendigkeit, Gerechtigkeit zu realisieren, ergibt sich für Thomas von Aquin (Summa Theologiae II-II, q. 57, a. 1) der Fokus auf das *Recht*: Denn die *allgemeine Tugend der Gerechtigkeit* muss sich des Rechts bedienen, wenn sie ihre Aufgabe vollbringen soll, nämlich die einzelnen Tugenden und äußeren Handlungen so zu dirigieren, dass sie dem Gemeinwohl dienen. Sie fordert neben der Gerechtigkeit auch andere Tugenden wie Mut und Mäßigung. Mit dem Recht fällt der Blick primär auf die wahrnehmbaren äußeren Handlungen der Menschen, mit denen sie in Beziehung zueinander treten. Genau diese äußeren Handlungen sind die Grundlage für eine Beurteilung von Menschen als gut oder böse. Das bedeutet aber nicht, dass die persönliche Haltung keine Rolle spielen würde. Den vollkommen gerechten Akt zeichnet aus, dass er freiwillig geschieht und von einer beständigen Haltung herrührt. Thomas von Aquin bezieht sich hier auf die Definition des römischen Juristen Ulpian (170–232): „iustitia est constans et perpetua voluntas ius suum cuique tribuendi" („Gerechtigkeit ist der beständige und dauerhafte Wille, jedem sein Recht zuzuerkennen"; Digesten I, 1, 10).

Thomas von Aquin bleibt insofern vormodern, als er noch nicht von der Gleichheit aller Menschen ausgeht. Das zeigt sich etwa bei seinen Ausführungen zur Verteilungsgerechtigkeit: Danach soll jede Person jenen Anteil bekommen, der ihr gebührt. Bei der Frage nach der Bestimmung dieses Anteils hält er fest, die Reichen seien zu ehren, „weil sie eine höhere Stelle in den Gemeinschaften einnehmen" (Summa Theologiae II-II, q. 63, a. 3). Was einer Person gebührt, ist somit abhängig von ihrem sozialen und ökonomischen Status. Auch Vaterrecht und Herrenrecht werden als Verhältnisse von Herrschaft und Abhängigkeit nicht prinzipiell in Frage gestellt. Allerdings fließt die christliche Auffassung von der Gottesebenbildlichkeit des Menschen in die Beurteilung dieser Beziehungen mit ein. Thomas von Aquin macht das Recht von Sohn und Knecht als Menschen geltend, wenn er ihre Position gegenüber Vater und Herrn bestimmt. Ihnen gegenüber gibt es, wie er schreibt, „insoweit jeder der beiden ein Mensch ist, irgendwie auch Gerechtigkeit". Aber eben nur „irgendwie", und die „volle Bewandtnis dessen, was gerecht oder Recht ist" (Summa Theologiae II-II, q. 57, a. 4), kann auf diese Beziehungen nicht angewendet werden – das gilt ganz selbstverständlich auch gegenüber Frauen.

Neuzeit und Aufklärung

Mit Beginn der Neuzeit und der zunehmenden Überwindung des mittelalterlichen Feudalismus tritt der Begriff der Gerechtigkeit etwas in den Hintergrund. Die *gleiche Freiheit* wird zum Wahlspruch des Zeitalters; Gerechtigkeit muss sich an ihrem Beitrag zu diesem Ziel messen lassen. Allerdings lässt ein näherer Blick auf die Ausgestaltung dieser Idee einige Inkonsequenzen erkennen: Der Besitzbürger wird zum idealtypischen Subjekt der Gerechtigkeit, während Frauen, Fremde, Angehörige anderer „Rassen" und unselbständige Männer benachteiligt bleiben. Wie in den vergangenen Abschnitten werden auch hier ausgewählte Autoren vorgestellt, die dem Gerechtigkeitsdiskurs ein besonderes Gepräge gegeben haben: darunter Thomas Hobbes, David Hume und Immanuel Kant. Jean-Jacques Rousseau hält dem Gerechtigkeitsdenken der Aufklärung insofern einen Spiegel vor, als er dessen Konzentration auf das Eigentum und den Umgang damit scharf kritisiert. Das Rousseau'sche Denken erweist sich derart als wichtige Brücke zur Gerechtigkeitskritik entlang der sozialen Frage, wie sie später von Karl Marx und Friedrich Engels aufgegriffen wird.

Thomas Hobbes (1588–1679) gehört zu den bedeutendsten Denkern der Aufklärung; vielen gilt er gar als Begründer der politischen Philosophie der Neuzeit (Kersting 1996, 14). Auch in der Debatte über Gerechtigkeit setzt er wichtige Akzente. Wie gezeigt, wurden Recht und Gerechtigkeit immer in engem Zusammenhang gesehen. Dem Recht kam dabei die Aufgabe zu, Gerechtigkeit umzusetzen; dabei ging man durchgängig von einem weiten Rechtsbegriff aus, der auch naturrechtliche Prinzipien und göttliche Gebote beinhaltet. Thomas Hobbes spitzt diese Konzeption insofern zu, als er die These vertritt, dass es außerhalb des Rechts überhaupt keine Gerechtigkeit gibt. Dabei hat sie als Naturgesetz einen hohen Stellenwert. Ihr Inhalt besteht darin, dass Menschen die von ihnen geschlossenen Verträge erfüllen sollen (Hobbes 1651, XV.1, 110).

Bei der Art, wie Hobbes die damit angesprochene Tauschgerechtigkeit auf dem zunehmend florierenden Markt für Waren und Dienstleistungen konzipiert, weicht er in signifikanter frühkapitalistischer Manier von der aristotelischen Tradition ab: Denn er wendet sich gegen
die Vorstellung, gerecht sei ein Austausch nur dann, wenn der Wert
der getauschten Dinge äquivalent sei: „Als wäre es ungerecht, teurer
zu verkaufen als einzukaufen, oder jemandem mehr zu geben als er
verdient!" (Hobbes 1651, XV.14, 115). Gerecht ist nach Hobbes jener
Preis, den jemand bereit ist, für eine Ware oder eine Leistung zu zahlen.
Hier folgt er dem Prinzip „volenti non fit iniuria": Wer zustimmt, dem
kann kein Unrecht geschehen.

In gewagter Manier überträgt Hobbes diese Perspektive auch auf
den Menschen selbst. Er sieht den Wert der Person wie jenen der Dinge
in jenem Preis, den man ihr zumisst. Dieser steigt oder sinkt – je nachdem, welcher Bedarf herrscht und wie die Leistungen, die jemand erbringen kann, eingeschätzt werden. Der Preis wird dabei ausschließlich
durch den Markt bestimmt; für Hobbes (1651, X.15, 67) ist er völlig
unabhängig davon, wie jemand selbst den eigenen Wert sieht. Damit
treibt er die Logik der frühkapitalistischen ökonomischen Vernunft auf
die Spitze.

Der schottische Philosoph David Hume (1711–1776) eröffnet seine
Überlegungen zur Gerechtigkeit mit einer provokanten These: „Erwä-
gungen über die wohltätigen Folgen dieser Tugend [bilden] die *alleinige* Grundlage ihres Wertes" (Hume 1751, 101). Unter der Tugend
der Gerechtigkeit versteht er die Achtung von sozialen Normgefügen,
insbesondere jenen, die die Verfügung über Eigentum regeln. Der Gerechtigkeit bedarf es aufgrund der Umstände, unter denen Menschen
leben. Das ist auf der einen Seite die Knappheit von existenziell notwendigen und begehrenswerten Gütern, an denen Eigentum erworben
werden kann. Auf der anderen Seite existieren unter Menschen Interessensgegensätze, die nicht unter Rekurs auf die natürliche Tugend des
Wohlwollens aus der Welt zu schaffen sind. Dieses erstrecke sich nämlich nicht über den Kreis der Familie hinaus.

Menschen müssen sich ihres Eigentums sicher sein können – und
die Tugend der Gerechtigkeit verbürgt diese Sicherheit. Indem die Gerechtigkeit für die Einhaltung von Regeln sorgen soll, scheint verständ-
lich, warum Hume (1751, 101) sie als eine vorsichtige, gar argwöhnische
Tugend bezeichnet hat. Eifersüchtig wachen Menschen darüber, dass
sie nicht übervorteilt werden. Allerdings ist die Wurzel der Tugend der

Gerechtigkeit nicht, wie es an dieser Stelle scheinen könnte, der reine Egoismus bzw. das langfristige Eigeninteresse, wie wir dies bei Hobbes finden. Vielmehr verdankt sie sich einer Weiterentwicklung des Wohlwollens. Dieses ermöglicht den Menschen, sich in andere hineinzuversetzen. Unter Einbeziehung allgemeiner Regeln, die mit Blick auf das langfristige, aufgeklärte Eigeninteresse generiert werden, kommt es zu einer Erweiterung der Sympathie auch auf Fremde; es entwickelt sich eine Art universellen Wohlwollens, das auch die Interessen derjenigen Beachtung finden lässt, die fern stehen.

Die Tugend allein reicht aber nicht aus, um das Wirken der Gerechtigkeit zu verbürgen. Klugheit und guter Wille können nicht immer hinreichende motivationale Wirkungen entfalten. Vor diesem Hintergrund begrüßt Hume die Institutionalisierung einer Rechtsordnung, die durch die Drohung mit rechtlichem Zwang jene Verlässlichkeit garantiert, die erst das Funktionieren eines Regelsystems verbürgen kann. Wir erinnern uns an den Begriff der *fides* bei Cicero.

Mit der Betonung des Eigentums und der Akzeptanz der damit einhergehenden materiellen Unterschiede zwischen den Menschen erteilt Hume der Idee „vollkommener" Gleichheit eine Absage. Sie zu realisieren erachtet er als undurchführbar: Menschen legen in allen Angelegenheiten unterschiedliche Geschicklichkeit und Energie an den Tag; das führt automatisch auch zu materieller Ungleichheit. Wollte man dem entgegenwirken, wäre eine vollständige Überwachung nötig. Und dies würde gleichzeitig jene Eigenschaften ersticken, mit deren Hilfe Menschen etwas bewerkstelligen. Nur wenn Ehrgeiz sich auch materiell auszahlt, werden Menschen Engagement zeigen. Für Hume ist dies ein weiterer nützlicher Aspekt der Gerechtigkeit.

Damit bleibt der Blick auf die Subjekte der Gerechtigkeit. Hume ist ein scharfer Kritiker des Umgangs der sich selbst als zivilisiert wähnenden Europäer mit fremden Völkern. Ihre „große Überlegenheit" habe sie zu einem „Wahn" verführt: Sie denken, sie könnten alle, die davon abweichen, wie Tiere behandeln. Dabei habe man „alle Schranken der Gerechtigkeit und selbst der Menschlichkeit" fallen lassen (Hume 1751, 110). Nicht minder scharf fällt Humes Kritik zunächst an der Behandlung von Frauen aus: Sie seien in vielen Völkern „einer ähnlichen Sklaverei unterworfen und wurden, im Unterschied zu ihren herrischen Gebietern, für unfähig erklärt, irgendein Eigentum zu besitzen." Damit scheiden Frauen als Subjekte von Recht und Gerechtigkeit aus. Hume verfolgt dieses Problem aber nicht ernsthaft weiter;

vielmehr will er es mit der Prognose entsorgen, dass das „einschmei-chelnde, gewandte und bezaubernde Wesen" der Frauen imstande wäre, „jenes Komplott" der Männer aufzubrechen und gleichrangig mit ihnen an den sozialen Rechten zu partizipieren (Hume 1751, 110). Um diese Ungerechtigkeiten abzuschaffen, waren freilich andere Mittel nötig als das Spiel mit weiblichen Reizen.

Jean-Jacques Rousseau (1712–1778) sah in der untergeordneten Stellung von Frauen und Fremden gar kein Problem. Demgegenüber erregte der zentrale Stellenwert des Eigentums in Gerechtigkeits-theorien und die damit im Zusammenhang stehende Akzeptanz mate-rieller Ungleichheit seine kritische Aufmerksamkeit. Für Rousseau ist jener Prozess, den Hume als einen der zunehmenden Zivilisation be-schreibt, schlicht eine Verfallsgeschichte. In einer berühmten Passage kritisiert er den entscheidenden Schritt auf dem Weg in die bürgerliche Gesellschaft: „Der Erste, der ein Stück Land eingezäunt hatte und auf den Gedanken kam zu sagen, ‚Dies ist mein‘, und der Leute fand, die einfältig genug waren, ihm zu glauben, war der wahre Begründer der zivilen Gesellschaft. Wie viele Verbrechen, Kriege, Morde, wie viele Leiden und Schrecken hätte nicht derjenige dem Menschengeschlecht erspart, der die Pfähle herausgerissen oder den Graben zugeschüttet und seinen Mitmenschen zugerufen hätte: ‚Hütet euch davor, auf die-sen Betrüger zu hören. Ihr seid verloren, wenn ihr vergesst, dass die Früchte allen gehören und dass die Erde niemandem gehört!'" (Rous-seau 1754, 74).

So aber folgten aus der Bebauung des Bodens dessen Aufteilung auf einzelne Eigentümer und die damit korrelierenden Regeln der Gerech-tigkeit. Erst wenn man etwas besitzt, so deutet Rousseau die bekannte Formel von Platon, dann macht es Sinn, „jedem das Seine zu geben", und da jeder irgendwelche Güter hat und auch zu verlieren fürchtet, kann man sich auf diese Regeln schnell einigen. Jeder will sich gern seines Eigentums sicher sein. Die Möglichkeit, sich Eigentum anzu-eignen, löst aber eine in den Augen von Rousseau äußerst problema-tische Dynamik aus: Wer hat, will immer mehr. So werden die weniger imponierenden Charakterzüge der Menschen befeuert: Ehrgeiz, Hin-terlist und der Wille dazu, das eigene Vermögen zu vergrößern, nur um mehr zu haben – nicht weil ein echter Bedarf an weiteren Gütern bestünde.

Die aus dieser Dynamik resultierende Ungleichheit und die nun-mehr auf der Ungleichverteilung von Eigentum beruhenden (und damit in neuer Weise begründeten!) Verhältnisse von Herrschaft und Knechtschaft stürzen das Pathos der gleichen Freiheit in den aufklärerischen Theorien in eine Krise. Bei aller berechtigten, von Rousseau in brillanter Weise auf den Punkt gebrachten Kritik darf freilich nicht vergessen werden, was durch dieses neue System von Freiheit, formaler Gleichheit und Eigentum abgelöst wurde. Denn vorher war die Gleichheit schon wegen der ständischen Verfasstheit der Gesellschaft nicht gegeben; Menschen waren in ihren Verhältnissen gleichsam eingefroren. Die neue bürgerliche Gesellschaft taute diese Verhältnisse auf und versprach den Menschen, sie könnten durch Leistung reüssieren und ihr persönliches Glück finden, indem sie Verantwortung für sich selbst übernehmen.

Immanuel Kant (1724–1804) ist ein großer Verfechter der bürgerlichen Selbständigkeit, und er sieht in der Verantwortungsübernahme einen wichtigen Schritt zur Aufklärung. Er kritisiert jene, die sich nicht darauf einlassen wollen: „Faulheit und Feigheit sind die Ursachen, warum ein so großer Teil der Menschen, nachdem die Natur sie längst von fremder Leitung frei gesprochen (naturaliter maiorennes), dennoch gerne zeitlebens, unmündig bleiben; und warum es anderen so leicht wird, sich zu ihren Vormündern aufzuwerfen. Es ist so bequem, unmündig zu sein" (Kant 1784, 53). Diese Attacke entbehrt nicht einer gewissen Ironie, als Kant selbst bestimmten Gruppen wie Frauen (aus anthropologischen Gründen) und unselbständig Beschäftigten (weil sie im Arbeitsleben von Befehlen anderer abhängig sind) die Mündigkeit ziemlich taxfrei abspricht.

Kants Gerechtigkeitskonzeption kreist wie jene von Hobbes und Hume ganz um den Begriff des Eigentums: Eine gerechte Güterverteilung kommt dadurch zustande, dass Güter zunächst gerecht angeeignet und sodann gerecht übertragen werden. Darüber hinaus gibt es kein Kriterium sozialer Gerechtigkeit, das man anlegen könnte, um Gleichheit in der Güterverteilung zu erlangen. Scharfe Kritik übt Kant allerdings an Hobbes' Vorstellung, Menschen hätten wie Sachen einen Preis. Das Menschenrecht, so hält Kant (1793, 143) „gegen Hobbes" fest, nötige „durch die Vernunft unmittelbar Achtung" ab.

Für Kant (1785/86, 68f.) besteht das Wesen des Menschen genau darin, dass er aufgrund seiner Autonomie eine Würde hat, die nicht in Begriffen von Preis und Wert gemessen werden kann. Die Person ist ein „Zweck an sich", und daraus ergibt sich das Verbot, sie gänzlich zu instrumentalisieren. Es findet sich in folgender berühmter Formulierung des kategorischen Imperativs: „Handle so, dass du die Menschheit, sowohl in deiner Person als in der Person eines jeden andern, jederzeit zugleich als Zweck, niemals bloß als Mittel brauchest" (Kant 1785/86, 61). Keine Nutzenerwägungen können sich über das Gebot der Achtung menschlicher Würde hinwegsetzen.

Als problematisch erweist sich allerdings das auch in der Kant'schen Theorie angelegte und von Rousseau so scharf kritisierte Spannungsverhältnis zwischen formal gleicher Freiheit und wachsenden sozialen Ungleichheiten im neuen marktwirtschaftlichen System. Kant hat jenem Anwachsen von Armut und Elend, das die Gesellschaft des 19. Jahrhunderts in eine tiefe Krise stürzt, wenig entgegenzuhalten.

Wege zur Moderne

Mitte des 19. Jahrhunderts legt John Stuart Mill einen großen liberalen Entwurf vor, den er mit einer utilitaristischen Theorie der Gerechtigkeit verknüpft. Die Wurzeln des *Utilitarismus*, nämlich die Begründung dessen, was moralisch gut und gerecht ist über den Topos der Nützlichkeit für die Gesellschaft, reichen bis in die Antike zurück (Cicero). Jeremy Bentham (1748–1832), der als eigentlicher Begründer des Utilitarismus gilt, schreibt den wesentlichen Impuls für seine Konzeption der Lektüre der Schriften von David Hume zu. Von der Hume'schen Betonung der Nützlichkeit als alleinige Quelle der Gerechtigkeit inspiriert, entwickelt Bentham ein „algorithmisches System der Nutzenbewertung" (Pauer-Studer 2003, 32). Es soll dazu dienen, eine Reform des Rechtssystems anzuleiten mit dem Ziel, das allgemeine Wohlergehen bestmöglich zu verbürgen. Dies ist nach Bentham (1780) dann der Fall, wenn „das größte Glück der größten Zahl" gewährleistet wird.

Hier ist ein ganz wesentliches Element des Utilitarismus ersichtlich, das ihn von deontologischen Ansätzen wie jenem Kants unterscheidet: Der Utilitarismus ist eine *konsequenzialistische* Theorie. Handlungen und Maßnahmen werden danach beurteilt, welche Folgen sie zeitigen und wie erfolgreich sie sich in der Verfolgung von Zielen erweisen. Gerechtigkeit wird somit nicht als normativer Grundbegriff anerkannt, sondern „als Funktion des kollektiven Wohlergehens" (Höffe 2002, 15). Diesen Charakter des Utilitarismus arbeitet in weiterer Folge auch einer seiner wichtigsten Vertreter heraus: John Stuart Mill (1806–1873).

Gerecht handelt, wer das eigene Verhalten nach Regeln ausrichtet, „die alle vernünftigen Wesen zum Nutzen ihres Gesamtinteresses annehmen können" (Mill 1863, 91). Wir schätzen, so Mill, im Grunde alles nur ob seiner vorzugswürdigen Konsequenzen. Dementsprechend ist es ungerecht, jemandem Schaden zuzufügen. Dazu zählt Mill nicht nur widerrechtliche Angriffe und Gewalttätigkeiten, sondern auch illegitime Freiheitseinschränkungen (Mill 1863, 103f.).

Kritisch wird dem Utilitarismus und damit auch Mill vorgehalten, die Nützlichkeit sei ein „unsicheres Prinzip" (Mill 1863, 95), auf das man Gerechtigkeit nicht bauen könne. Tatsächlich stellen sich viele Fragen: Was genau ist als Nutzen anzusehen? Geht es um das Erleben von Lust oder die bloße Abwesenheit von Leid? Wie soll und kann das jeweils gemessen werden? Soll eine reine Quantifizierung vorgenommen werden – oder zählt auch die Qualität der Empfindungen? Berühmt ist ein Ausspruch von Mill, der die reine Aufrechnung von Glücksquanten, wie man sie bei Bentham findet, ablehnt: „Es ist besser, ein unzufriedener Mensch zu sein als ein zufriedenes Schwein; besser ein unzufriedener Sokrates als ein zufriedener Narr" (Mill 1863, 18).

Ein weiteres Problem belastet den Utilitarismus: Er tut sich schwer damit, individuelle Rechte zu begründen. Das Individuum ist gefährdet, im Zuge der Berechnung des Gesamtnutzens aus dem Blick zu geraten (Pauer-Studer 2003, 52). Entsprechend wird dem Utilitarismus der Vorwurf gemacht, dass er das Distinktsein der Menschen nicht hinreichend ernst nimmt (Rawls 1971, 45). Es kann nämlich passieren, dass der aggregierte Nutzen für die größere Zahl oder den Durchschnitt ganz gezielt auf Kosten einiger weniger geht, wenn errechnet wird, dass das Leiden mancher den Gesamtnutzen erhöht. Der Utilitarismus würde es erlauben, dieses Leiden nicht nur in Kauf zu nehmen, sondern auch noch zu behaupten, es handle sich bei seiner Zufügung um einen Akt der Gerechtigkeit. Vor dieser Konsequenz ist auch die Mill'sche Theorie insofern nicht gefeit, als sie individuelle Rechte und Freiheiten ausschließlich auf Nützlichkeitserwägungen gründen will. Denn was passiert, wenn sich der Nutzen nicht einstellt? Damit steht auch Mills emphatische Forderung nach Frauenrechten als Gebot der Gerechtigkeit (Mill / Taylor Mill 1869) auf wackligen utilitaristischen Beinen.

Mitte/Ende des 19. Jahrhunderts stellte sich aufgrund der wirtschaftlichen und technologischen Entwicklungen die *soziale Frage* in zunehmender Dringlichkeit. Die Massenverelendung durch den galoppierenden Kapitalismus rief soziale Reformer auf den Plan, die der Arbeiterbewegung theoretisch wie politisch den Rücken stärkten. Karl Marx (1818–1883) analysiert diese Gesellschaft als von Ausbeutung und Entfremdung geprägte Klassengesellschaft. Er prangert an, dass die Masse der arbeitenden Bevölkerung unter Ausschöpfung aller rechtlichen Möglichkeiten von jenen ausgebeutet wird, die das Eigentum an den Produktionsmitteln haben. Allerdings kleidet Marx selbst seine Kritik am Kapitalismus nicht in die Sprache der Gerechtigkeit: Er vermeidet es geflissentlich, „das Empfinden von Ungerechtigkeit als Empörungsmotiv der Arbeiterklasse zu nennen" (Euchner 1999, 177). Die Frage, ob er den Kapitalismus nicht zumindest implizit als *ungerecht* verdammt, hat Legionen von Interpreten beschäftigt (Geras 1985, 48f.).

Generell sind die Aussagen von Marx zur Gerechtigkeit spärlich, sperrig und widersprüchlich (Lohmann 1994, 223). Eines wird allerdings schnell deutlich: Das Ideal der Gerechtigkeit ist Marx zutiefst suspekt, weil es dazu dient, dem Recht den Schleier der Legitimität umzuhängen, wo es doch von der herrschenden Klasse zur Aufrechterhaltung ihrer Macht eingesetzt wird. Gerechtigkeit gehört zum gesellschaftlichen Überbau, der die juristischen, politischen, religiösen, künstlerischen und philosophischen Ideen einer Gesellschaft beinhaltet. Die Rede von der sozialen Gerechtigkeit ist durch ihre Verquickung mit der bourgeoisen Ideologie desavouiert (Miller 1999, 44).

In seiner Kritik des Gothaer Programms empört sich Marx über die Forderung nach „gerechter Verteilung des Arbeitsertrags": „Behaupten die Bourgeois nicht, dass die heutige Verteilung ‚gerecht' ist? Und ist sie in der Tat nicht die einzige ‚gerechte' Verteilung auf Grundlage der heutigen Produktionsweise?" (Marx 1891, 293). Dass die Arbeiterschaft durch Aneignung des Mehrwerts ihrer Arbeitskraft ausgebeutet wird, ist aus der Perspektive der kapitalistischen Gesellschaft nicht zu beanstanden, weil dies im Einklang mit Prinzipien der Tauschgerechtigkeit steht. Eine Kritik an den herrschenden Verhältnissen unter Rückgriff auf die Gerechtigkeit kann daher nach Marx nicht sinnvoll sein, weil sie die herrschenden Verhältnisse nicht zu überschreiten vermag.

Allerdings stellt sich doch die Frage, wie die Ablehnung des Rekurses auf Gerechtigkeit mit der Kritik an den kapitalistischen Verhältnissen als Ausbeutung vereinbart werden kann. Was ist das Kriterium für diese Verurteilung? So ist es nicht ganz überraschend, dass sich ab und an ein normativer Gebrauch von Gerechtigkeit in die Betrachtung schwindelt, wenn Marx festhält, der Vertrag zwischen Kapital und Arbeit könne „niemals auf gerechten Bedingungen beruhen". Denn dem Arbeiter, der über nicht mehr als seine Arbeitskraft verfüge, stehe die „konzentrierte gesellschaftliche Macht" des Kapitals gegenüber – in der Tat eine höchst ungleiche Paarung, die für Marx die Notwendigkeit von starken Gewerkschaften entstehen lässt (Marx 1866, 195).

Daraus leitet Marx allerdings wiederum keine Forderung nach gerechten Verhältnissen ab. Vielmehr entwickelt er eine Vision, von der er glaubt, dass sie unabwendbar ist, weil die kapitalistische Produktionsweise zusammenbrechen muss. Für Marx steht außer Zweifel, dass dem Proletariat die Zukunft gehört: Er sieht sie in einer klassenlosen Gesellschaft, die durch die Vergesellschaftung der Produktionsmittel im Zuge einer proletarischen Revolution angestoßen werden soll. Die spätere höhere Phase der kommunistischen Gesellschaft werde sich jenseits der Gerechtigkeit befinden, weil deren Bedingungen entfallen: Die Arbeitsteilung als Form der „knechtenden Unterordnung" soll ebenso verschwinden wie die klassenbedingten Interessensgegensätze; infolge der optimalen Entwicklung der Produktivkräfte soll es keinen Mangel mehr geben. Auch das im Kapitalismus hochgradig problematisch organisierte Geschlechterverhältnis (Bebel 1883), das allerdings eher am Rande marxistischer Überlegungen steht, wird sich zum allseitigen Wohlgefallen entfalten. Denn die entwickelte kommunistische Gesellschaft soll nach einem einfachen Prinzip funktionieren: „jeder nach seinen Fähigkeiten, jedem nach seinen Bedürfnissen" (Marx 1891, 296).

Es ist allgemein bekannt, dass die Revolutionen, die im Namen des Kommunismus geführt wurden, nicht zu einem Goldenen Zeitalter geführt haben. Im Namen der zur Ideologie erstarrten Lehre wurden vielmehr in dem Ansinnen, den „neuen Menschen" zu erschaffen, Millionen verschleppt, ausgebeutet und ermordet. „Jeder nach seinen Fähigkeiten, jedem nach seinen Bedürfnissen" (übrigens eine klassische Formulierung für Anliegen der Gerechtigkeit), diese Formel wurde auch nie so verstanden, dass damit die tatsächlichen, real existierenden Fähigkeiten und Bedürfnisse angesprochen waren. Vielmehr ging es um jene des „neuen Menschen", den man in eine utopische Welt ohne Mangel und Interessengegensätze verfrachten wollte – eine solche kann es aber gar nicht geben; sie entspricht nicht der *conditio humana* (Lukes 1996, 40).

Die Analysen des Marxismus stellen allerdings eine bleibende Herausforderung dar und nehmen auch die Philosophie in die Pflicht, sich realen Problemen der Ungerechtigkeit (Moore 1978; Shklar 1990) zuzuwenden: Sie kann die Augen vor Ausbeutung, Marginalisierung und Verelendung nicht verschließen. Diese Problemlagen sind in der globalisierten, von ökonomischen und sozialen Krisen gebeutelten Welt heute so aktuell wie je zuvor. Rottleuthner (1994, 216) kommentiert treffend: „Die Geschichte war zwar nie bloß eine Geschichte von Klassenkämpfen, aber sie wird eine Geschichte von Verteilungskämpfen bleiben." Tatsächlich steht die Frage nach der Verteilungsgerechtigkeit im Brennpunkt aktueller Theorien der Gerechtigkeit – neben dem ebenso brisanten Thema der politischen Gerechtigkeit. Beiden Perspektiven gilt das folgende Kapitel.

2

Aktuelle Theorien der Gerechtigkeit

Nach einer gewissen Flaute in der ersten Hälfte des 20. Jahrhunderts ist die Gerechtigkeitsdebatte mit der Veröffentlichung von John Rawls' „Theorie der Gerechtigkeit" (1971) in eine äußerst vitale Phase getreten, die bis heute anhält. Vielfach ausgehend von einer kritischen Analyse des politischen Liberalismus Rawls'scher Provenienz, ranken sich seither aktuelle Theorien der Gerechtigkeit um zwei ganz wesentliche Fragen: Gibt es angesichts des gesellschaftlichen Pluralismus in ethischen, kulturellen und religiösen Fragen so etwas wie einen übergreifenden Fundus an Gerechtigkeitsprinzipien, der das soziale Zusammenleben anleiten kann? Und inwieweit soll der moderne Staat nicht nur Freiheit ermöglichen, sondern auch materielle Gleichheit verbürgen? Die erste Frage ist diejenige nach der politischen, die zweite diejenige nach der sozialen Gerechtigkeit. Die folgenden Ausführungen verstehen sich als Wegweiser durch die komplexe und viel verzweigte Denklandschaft in beiden Bereichen und befassen sich mit ausgewählten Theoriefamilien: Liberalismus, Kommunitarismus, Multikulturalismus, libertäre Theorien, Egalitarismus und nonegalitaristischer Humanismus (Utilitarismus und marxistische Gerechtigkeitskritik wurden bereits im ersten Kapitel dargestellt; die feministische Gerechtigkeitskritik wird im Kapitel über Geschlechtergerechtigkeit skizziert).

Liberalismus: Gerechtigkeit als Grenze des Guten

Liberale Theorien der Gerechtigkeit können auf eine große Tradition zurückblicken, die mit den Namen John Locke, Immanuel Kant oder John Stuart Mill verbunden ist. Ihre Theorien knüpfen Gerechtigkeit an die Vorgabe gleicher Freiheit: Jede Person soll die Möglichkeit haben, nach ihren eigenen Vorstellungen ein (möglichst) gutes Leben zu führen; dabei soll sie sowohl vor Eingriffen des Staats als auch vor solchen von übelwollenden, aber auch von wohlmeinenden Mitbürgerinnen und Mitbürgern in Schutz genommen werden (Mill 1859). In diesem Zusammenhang wird davon gesprochen, dass der Staat mit Blick auf die Lebensführung der Menschen neutral sein und ihnen nicht vorschreiben soll, wie sie zu leben haben, solange andere dadurch nicht in ihrer Freiheit eingeschränkt werden (Kant) bzw. keinen Schaden erleiden (Mill).

Ihren vielleicht hervorragendsten, jedenfalls aber prominentesten Ausdruck finden diese Ideen im monumentalen Werk von John Rawls (1921–2002): in seiner Theorie der Gerechtigkeit als Fairness (1971; 1994; 2001). Rawls verknüpft darin Grundideen der klassischen liberalen Theorien mit modernen Elementen, u. a. aus der Spieltheorie, um so zu einer Konzeption zu gelangen, die für die Herausforderungen einer pluralistischen Gesellschaft als System der sozialen Zusammenarbeit geeignet ist. Für deren Grundstruktur will Rawls Prinzipien generieren, um die im Rahmen sozialer Kooperation erzeugten Grundgüter gerecht zu verteilen. Rawls zählt dazu „Rechte, Freiheiten und Chancen sowie Einkommen und Vermögen" und die sozialen Bedingungen der Selbstachtung (Rawls 1971, 84). Solche Güter sind nötig, um jene zwei moralischen Vermögen zu entfalten, die nach Rawls jedem Menschen zukommen: ein Gerechtigkeitssinn und die Fähigkeit, eine Konzeption des guten Lebens zu entwickeln, gegebenenfalls zu revidieren und zu realisieren (Rawls 2001, 99; mit anschließender Auflistung und Beschreibung der Grundgüter).

Wie gelangt man in pluralistischen Gesellschaften zu allgemein anerkannten Prinzipien der Gerechtigkeit? Wie lassen sich die Unterschiede in den diversen, mitunter zu „allgemeinen und umfassenden Lehren" (Rawls 1994, 307) zusammengefassten Konzeptionen des guten Lebens überbrücken? Ist das überhaupt möglich? Rawls (1971, 67) bedient sich zweier Methoden: Zunächst blickt er auf die in einer Gesellschaft vorhandenen „wohlüberlegten Urteile" in Gerechtigkeitsfragen. Das sind Überzeugungen, die sich bewährt haben und als Fixpunkte angesehen werden können: etwa die Gewissheit, dass religiöse Intoleranz und Sklaverei falsch sind. Rawls (2001, 60) zitiert in diesem Zusammenhang den schönen Satz von Abraham Lincoln (1809–1865): „Wenn die Sklaverei nicht falsch ist, dann ist gar nichts falsch." Allerdings haben nicht alle wohlüberlegten Urteile einen derartigen Stellenwert, und man kann nicht damit rechnen, dass sie sich zu einem widerspruchsfreien System zusammenfügen lassen (Rawls 2001, 60).

Daher bedarf es einer weiteren Methode, die auf einer abstrakteren Ebene versucht, grundlegende Prinzipien zu generieren, und als Maßstab für die Validität der wohlüberlegten Urteile dienen kann. Rawls konzipiert dafür den „Schleier des Nichtwissens" (Rawls 1971, § 24; 2001, § 25), hinter dem Repräsentantinnen und Repräsentanten („Parteien") der Gesellschaft jene Gerechtigkeitsprinzipien auswählen sollen, die für deren Grundstruktur am besten geeignet sind. Hinter dem Schleier des Nichtwissens wissen sie weder über persönliche Charakteristika – wie ihr Geschlecht, ihre ethnische Herkunft und soziale Lage – noch über ihre religiösen und politischen Überzeugungen und ihre damit verbundenen Konzeptionen des Guten Bescheid. Sie wissen aber, dass all diese Faktoren einen Einfluss darauf haben, wie gut ein Leben geführt werden kann.

In einer solchen Situation haben die als frei und gleich postulierten Parteien, die rational und risikoavers denken, gar keine andere Wahl, als unparteilich zu verallgemeinern. Weil sie nichts über ihre persönliche Position wissen, müssen sie alle möglichen Situationen in ihre Überlegungen einbeziehen. Sie werden sich daher für solche Prinzipien entscheiden, die verbürgen, dass sie ihre potenziellen Fähigkeiten bestmöglich entfalten können und selbst dann, wenn sie besonders schlecht gestellt sind, ein lebenswertes Leben verbringen können. Zwei Prinzipien sollen dies nach Rawls verbürgen:

„a) Jede Person hat den gleichen unabdingbaren Anspruch auf ein völlig adäquates System gleicher Grundfreiheiten, das mit demselben System von Freiheiten für alle vereinbar ist.

b) Soziale und ökonomische Ungleichheiten müssen zwei Bedingungen erfüllen: erstens müssen sie mit Ämtern und Positionen verbunden sein, die unter Bedingungen fairer Chancengleichheit allen offen stehen; und zweitens müssen sie den am wenigsten begünstigten Angehörigen der Gesellschaft den größten Vorteil bringen (Differenzprinzip)" (Rawls 2001, 78).

Die beiden Prinzipien sind nicht gleichrangig, sondern stehen in einer lexikalischen Ordnung: Das erste Prinzip ist vorrangig (ebenso wie innerhalb des zweiten Prinzips die faire Chancengleichheit dem Differenzprinzip vorgeht). Damit soll verhindert werden, dass die vom ersten Prinzip abgedeckten Grundrechte und -freiheiten irgendwelchen sozialen und ökonomischen Vorteilen geopfert werden (Rawls 2001, 83). Eine Gesellschaft, deren wohlüberlegte Urteile im Einklang mit diesen beiden Prinzipien sind, befindet sich im „Überlegungsgleichgewicht". Ihre Grundstruktur ist dann gerechtfertigt und sie kann als „wohlgeordnet" bezeichnet werden. In einer solchen Gesellschaft haben auch tief greifende Unterschiede in den umfassenden philosophischen und religiösen Lehren Platz. Rawls' Hoffnung besteht darin, dass diejenigen Lehren, die in der Gesellschaft prominent vertreten sind, bei allen Differenzen doch in der Anerkennung der Grundstruktur der Gesellschaft in einem „übergreifenden Konsens" konvergieren. Damit wäre die Stabilität der sozialen Kooperation gesichert (Rawls 2001, 63–70).

Die Rawls'sche Theorie ist in einer Hinsicht strikt *egalitär*, nämlich was die politischen Grundrechte und -freiheiten anbelangt. Sie sollen im Wege fairer Chancengleichheit allen Bürgerinnen und Bürgern gleichermaßen zugänglich sein. Soziale und ökonomische Ungleichheiten sind dagegen grundsätzlich zulässig. Ihre Legitimität wird allerdings an bestimmte Bedingungen geknüpft. Zunächst dürfen sie nicht so groß werden, dass sie den gleichen Wert der politischen Freiheiten beeinträchtigen. Außerdem darf eine weniger gute soziale Lage nicht auf die Bildungschancen durchschlagen. Diese müssen von den ökonomischen Herkunftsverhältnissen unabhängig sein (Rawls 2001, 80).

Schließlich gibt das Differenzprinzip im Sinne eines Prinzips der Reziprozität vor, dass Ungleichheiten wie ein höheres Einkommen nicht nur den davon Begünstigten selbst, sondern auch allen anderen und besonders den am schlechtesten gestellten Personen Vorteile bringen sollen, z. B. durch sogenannte Quersubventionierungen (Rawls 2001, 109). Rawls meint, dass eine Gesellschaft, die Ungleichheiten zulässt, produktiver ist und eher dazu animiert, die eigenen Fähigkeiten zu kultivieren (Rawls 2001, 107). Insgesamt ist es für eine Gesellschaft besser, Ungleichheiten zuzulassen, als sie mit allen Mitteln zu unterdrücken, und zwar nicht nur wegen des Vorrangs der Grundfreiheiten, sondern weil davon auszugehen ist, dass die Gesellschaft insgesamt und auch jede einzelne Person besser dastehen wird. Rawls (1971, 45) grenzt sich mit dieser Konzeption zunächst primär gegen den Utilitarismus ab, dem er vorwirft, in seinen Nutzenkalkulationen die Unverfügbarkeit der gleichen Grundfreiheiten jeder einzelnen Person zu missachten. Das Prinzip der gleichen Grundfreiheiten und der mit ihm eingeführte „Vorrang des Rechten vor den Ideen des Guten" (Rawls 1994, 364) sieht sich allerdings Einwänden aus einer ganz anderen Richtung ausgesetzt, nämlich von Seiten kommunitaristischer Theorien (Forst 1996). Diese monieren, der Liberalismus Rawls'scher Provenienz, ja liberale Theorien überhaupt (vgl. Dworkin 1977, Larmore 1987, Barry 2001) seien nicht imstande, die Eingebundenheit von Menschen in Gemeinschaften und die ihnen gegenüber bestehenden Verpflichtungen zu erfassen.

Kommunitarismus: Das Gute als Maßstab des Gerechten

Kommunitaristische Ansätze legen eine ausgesprochene Skepsis gegenüber den universalistischen Ansprüchen liberaler Gerechtigkeitstheorien an den Tag. Insbesondere der darin zelebrierte Individualismus wird mit Argwohn betrachtet: Ihm liege ein falsches Bild der Person zugrunde, die, isoliert auf sich bezogen, immer nur versuche, ihre individuellen Interessen durchzusetzen und sich so primär in Opposition zu ihren Mitmenschen und zur gesamten Gemeinschaft sehe. Diese Kritik begleitet den Liberalismus spätestens seit Hegels Sittlichkeitskonzeption. Der Kommunitarismus zeichnet ein Kontrastbild: Personen sind eingebettet in die staatliche Gemeinschaft (Sandel 1982), der zentrale Wert ist die Zugehörigkeit (Selznick 1987, 454) und Patriotismus die entsprechende Tugend (Taylor 1993). Alle sollen mit vereinten Kräften an der Gemeinschaft bauen, die ihnen ganz zu Recht auch Pflichten auferlegt, die sich aus geteilten Vorstellungen des guten Lebens ergeben. Gemeinschaft bedarf für deren Aufrechterhaltung der Pflege und bisweilen auch der Opfer. Das kann bis zum eigenen Leben gehen, wenn es gilt, die Heimat mit Waffengewalt zu verteidigen (Taylor 1993, 117).

Das in die Gemeinschaft eingebettete Individuum schöpft und generiert die Prinzipien eines gerechten Zusammenlebens aus ihr. Gerechtigkeit ist demzufolge eng an das traditionell verankerte Verständnis vom gemeinsamen Guten gekoppelt. Das kann auch eine religiöse Grundlage haben. Gerecht ist, worauf man sich kollektiv verständigt hat, dass es gerecht ist; es ergibt sich aus einer gemeinsamen Praxis. Abstrakte Prinzipien wie jene, die Rawls generiert, genauso wie die Methode, nach der er vorgeht, sind dem Kommunitarismus viel zu abgehoben. Es sei weder möglich noch wünschenswert, von den kommunitären Gegebenheiten so weit zu abstrahieren, dass universell verbindliche Normen der Gerechtigkeit entstehen. Gerechtigkeit ergibt sich aus der Geschichte und den gelebten Praktiken einer Gemeinschaft und soll auch gepflegt werden dürfen, da mit ihr das Wesen der Gemeinschaft zum Ausdruck gebracht wird. Ihr wahrer Inhalt wird aus Ideen des guten Lebens gewonnen – und nicht umgekehrt, wie die Liberalen dies postulieren.

Freilich mag man einwenden, dass es nicht unplausibel ist zu fordern, zu den eigenen besonderen Zielen, Bindungen, Werten und Prinzipien auf Distanz zu gehen, um so Grundsätze der Gerechtigkeit zu generieren. Gerade wenn es darum geht, eine *pluralistische* Gesellschaft zu organisieren, die oft tief greifende Konflikte eingrenzen muss, kommt man mit der Bezugnahme auf das geteilte Gute homogener Gemeinschaften nicht weit. Staaten sind eben schon lang keine Gemeinschaften mehr – oder sie sind es nie gewesen. Es ist, wie liberale Theorien zu Recht immer wieder betonen, nicht zu erwarten, dass in einer komplexen Gesellschaft eine weitgehende Übereinstimmung über allgemeine und umfassende religiöse, kulturelle oder philosophische Konzeptionen des guten Lebens hergestellt werden kann. Um das Zusammenleben über diese Unterschiede hinweg zu organisieren, bedarf es einer Einigung auf eine Grundstruktur, die es den unterschiedlichen Konzeptionen erlaubt, sich zu entfalten – und damit tatsächlich Raum für jene dann kleineren Gemeinschaften öffnet, deren Bedeutung der Kommunitarismus herausstreicht.

Eine vermittelnde Theorie vertritt Michael Walzer (1983): Er versucht, die Anliegen des Liberalismus mit jenen des Kommunitarismus zu verbinden. Zu den zentralen Leistungen des Liberalismus gehört nach Ansicht Walzers (1983, 12) die „Kunst der Grenzziehung". Damit meint er die Ausdifferenzierung der Gesellschaft in unterschiedliche Sphären, in denen jeweils bestimmte Güter verteilt werden. Dazu zählt Walzer so unterschiedliche Güter wie Zugehörigkeit, Sicherheit und Wohlfahrt, Geld und Waren, Ämter, harte Arbeit, Freizeit, Erziehung und Bildung, Verwandtschaft und Liebe, göttliche Gnade oder politische Macht. Diese Güter dürfen jeweils nur nach den „richtigen" Kriterien verteilt werden, jenen nämlich, die sich aus ihrer genuinen, historisch gewachsenen und in der Gemeinschaft in etablierten Praktiken verankerten Bedeutung ergeben.

Aus der Verbindung der beiden Aspekte – Trennung der Sphären und soziale Bedeutung von Gütern – generiert Walzer sein zentrales Gerechtigkeitsprinzip, das „offene Distributionsprinzip": „Kein soziales Gut X sollte ungeachtet seiner Bedeutung an Männer und Frauen, die im Besitz eines anderen Gutes Y sind, einzig und allein deshalb verteilt werden, weil sie dieses Y besitzen" (Walzer 1983, 50). Mit Hilfe dieses Prinzips soll „komplexe Gleichheit" geschaffen und aufrechterhalten werden: Die Begüterung in der einen Sphäre (zum Beispiel ein hohes Einkommen oder politische Macht) darf nicht auf die Position in einer anderen Sphäre durchschlagen, indem dadurch beispielsweise die Bildungschancen oder die Gesundheitsversorgung beeinflusst werden. Es geht Walzer also nicht darum, Gleichheit etwa durch Gleich- oder Umverteilung herzustellen, sondern er will gleiche Freiheit dadurch etablieren, dass alle in den jeweiligen Sphären nach den dort etablierten Kriterien Chancen auf die darin verteilten Güter haben. Damit soll die „Tyrannei" von „dominanten Gütern" wie Geld oder politischer Macht verhindert werden (Walzer 1983, 46ff.).

Man kann Walzer entgegenhalten, dass die Bedeutung der Güter in den jeweiligen Sphären wohl kaum so homogen ist, wie dies in seiner Theorie sichtlich vorausgesetzt wird. Aufgrund seines kommunitaristischen Ansatzes ist er außerdem gegen eine Verschiebung solcher Bedeutungen machtlos: Wenn sich zunehmend die Ansicht durchsetzt, dass Bildung nur gegen erheblichen finanziellen Einsatz zu erhalten ist, dann kann man dieser Entwicklung außer dem Verweis auf eine frühere Tradition wenig entgegensetzen respektive muss sich dann vorhalten lassen, die Zeiten und mit ihnen die Bedeutungen der Güter hätten sich eben geändert. Für wirksame Kritik bedarf es eines Kriteriums, das die Tradition überschreitet. Das gilt auch und gerade für problematische Praktiken und Strukturen, die häufig unter Rekurs auf Tradition und Herkommen gerechtfertigt werden, sei es eine Abneigung gegen Angehörige anderer ethnischer Gruppen oder Religionen, sei es ein Festhalten an überkommenen Rollenbildern für Frauen und Männer (Friedman 1994).

Multikulturalismus: Vielfalt kultureller Perspektiven versus universelle Prinzipien

Auch multikulturalistische Theorien stellen den Primat der Gerechtigkeit in Frage, wie er im Liberalismus gezeichnet wird. Sie sehen darin das Diktat einer Mehrheitsgesellschaft, die sich zu den in ihr lebenden ethnischen, religiösen und kulturellen Minderheiten nicht auf gleiche Augenhöhe begibt. Insofern ist die Kritik jener des Kommunitarismus ganz ähnlich: Dem Liberalismus wird vorgeworfen, Individuen als isoliert wahrzunehmen und für jene Qualitäten blind zu sein, die das menschliche Leben ausmachen, in diesem Fall die gelebte Praxis einer etablierten Kultur. Dafür brauche es von Seiten des Staates und der Gesellschaft Unterstützung – und nicht, wie vom Liberalismus postuliert, angeblich neutrale universelle Normen, die in Wahrheit zu einer Unterdrückung jener führen, die ihr Verhalten nicht an die Vorgaben der Mehrheitsgesellschaft anpassen wollen oder können.

Multikulturalistische Theorien richten daher ihren Blick auf die Frage nach der Gerechtigkeit im Verhältnis zwischen *Gruppen*, insbesondere zwischen Mehrheit und kulturellen, ethnischen oder religiösen Minderheiten. Sie antworten auf Erfahrungen der Benachteiligung und Ausgrenzung aufgrund der Zugehörigkeit zu einer minorisierten Gruppe. Solche Erfahrungen sind je nach Art der betroffenen Gruppe unterschiedlich. Bei einer eingesessenen Volksgruppe kann die Diskriminierung in einer fehlenden oder mangelhaften Anerkennung ihrer Sprache bestehen. Angehörige ethnischer Minderheiten, die sich durch Migration gebildet haben, sind gefährdet, Opfer von Diskriminierungen und feindseligen Übergriffen zu werden. Auch Angehörige minorisierter Religionen erleben Benachteiligungen, wenn ihre religiösen Vorschriften ein Verhalten gebieten, das für die Mehrheitsgesellschaft ungewohnt ist und auf Unverständnis stößt. Bisweilen wird es schwer bis unmöglich gemacht, in der Mehrheitsgesellschaft im Einklang mit der eigenen kulturellen oder religiösen Identität und deren sichtbaren Insignien (Kopftuch, Turban) oder deren Praktiken (Gebete, spezielle religiöse Feiertage) zu leben.

Die Wurzeln solcher Ungerechtigkeiten liegen in einer Kultur, die Gleichheit mit Gleichsein identifiziert und kulturell-religiöse Besonderheiten skeptisch beäugt. Multikulturalistische Theorien fordern, die Anerkennung von religiösen, kulturellen und ethnischen Gruppen durch die Einrichtung von „Gruppenrechten" (Holzleithner 2008a) zu institutionalisieren. Einschlägige Rechte betreffen zum einen Individuen als Angehörige von Gruppen. Sie bedürfen des Schutzes vor Diskriminierung und bisweilen auch Ausnahmen von allgemeinen Bestimmungen, die die Ausübung der Religion oder Kultur erschweren. Zum anderen gibt es Gruppenrechte, die dem ganzen Kollektiv zukommen. Sie nehmen es in seiner Existenz und mit seinen Praktiken, Sozialisations- und sonstigen Leistungen wahr und sollen es darin unterstützen (Kymlicka 1995, 35–44).

Nun können aber Regelungen, die eine Gruppe anerkennen und ihr kollektive Rechte zusprechen, für einzelne Gruppenmitglieder problematische Auswirkungen haben. Denn gleich wie die Mehrheitsgesellschaft zeichnen sich auch minorisierte Gruppen durch interne Komplexität aus. Kritik am Multikulturalismus bringt demgemäß vor, dass gruppeninterne Unterschiede respektive die Situation von „Minderheiten innerhalb von Minderheiten" (Eisenberg / Spinner-Halev 2005) zu wenig Beachtung erfahren. Dies betrifft etwa die Position von Frauen (keine Minderheit!), Kindern, Homosexuellen oder kulturell-religiösen Abweichlerinnen und Abweichlern. Denn einzelne in kulturell-religiösen Gruppen geübte oder jedenfalls als legitim erachtete Praktiken sind hochgradig problematisch – man denke nur an Zwangsverheiratung, Verbrechen im Namen der Ehre, die Beschneidung weiblicher Genitalien oder die Schlechterstellung von Frauen im religiösen Eherecht (Okin 1999; Shachar 2001; Sauer / Strasser 2008).

Multikulturalistische Theorien lassen sich danach unterscheiden, wie sie mit dieser Problematik umgehen: Ein *liberaler Multikulturalismus* bindet die Einrichtung von Gruppenrechten daran, dass die davon profitierende kulturelle oder religiöse Gruppe keine Mitglieder verletzt oder benachteiligend behandelt (Kymlicka 1995). Wenn gegen diese Vorgabe verstoßen wird, müsste eine Gruppe dazu motiviert werden, sich so zu verändern, dass die verletzenden Praktiken aus ihrem normativen Universum entfernt werden: dass sie als nicht mehr geboten oder legitim angesehen werden. Entsprechende Interventionen sind nicht nur vorgesehen, sondern ihr Inhalt und ihre Form (z. B. strafrechtliche Verbote) ist zentraler Gegenstand der theoretischen Reflexion.

Ein *starker Multikulturalismus* geht demgegenüber davon aus, dass es weder notwendig noch legitim ist, in Vorgänge innerhalb religiös-kultureller Gruppen einzugreifen. Insbesondere dürfe es keine Rolle spielen, ob sie intern „liberal" (organisiert) sind oder nicht (Margalit / Halbertal 1994). In der extremsten Version wird an solche Gruppen bloß die Anforderung gerichtet, sie müssten ihren Mitgliedern die Möglichkeit bieten, sie zu verlassen („Exit"), um so gruppeninternen Normen und Praktiken nicht (mehr) unterworfen zu sein (Kukathas 1997). Die „Exit-Strategie" ist allerdings voraussetzungsvoller, als sie auf den ersten Blick erscheint, und sie ist jedenfalls in solchen Fällen nicht anwendbar, wo die problematische Praktik respektive die Verletzung zu einem Zeitpunkt stattfindet, in dem die Person noch nicht selbst über ihr Leben bestimmen kann (z. B. Genitalbeschneidung an kleinen Mädchen bzw. Zwangsverheiratung von Minderjährigen; vgl. Okin 2002).

Eine ganz andere Kritik am Multikulturalismus betrifft seinen Fokus: Er liege einseitig auf der Anerkennung religiös-kultureller Unterschiede und würde soziale und ökonomische Ungleichheiten nicht hinreichend berücksichtigen (Fraser / Honneth 2003). Ausgeblendet bleiben damit auch die unterschiedlichen Chancen von Kulturen, sich auszubilden und sozial vermittelt zu werden (Fraser 2007, 272); ebenso jene Ungleichheiten, die durch Arbeitsteilung, Hierarchien der Entscheidungsmacht und Mainstream-Normen von Leistung und Verdienst entstehen (Young 2007, 63) und sich auf Angehörige diverser Gruppen sehr unterschiedlich auswirken. Man denke nur an die Segregation des Arbeitsmarktes entlang des Geschlechts oder der ethnischen Herkunft: Hier gibt es jeweils ein deutliches Gefälle mit Blick auf Sozialprestige und Entlohnung. Die damit einhergehenden Phänomene wie Machtlosigkeit, Marginalisierung oder Kulturimperialismus sind Symptome von Unterdrückung und Ausdruck von systematischen und einander verstärkenden Ungleichheiten (Young 2007, 64), auf die eine Theorie der Gerechtigkeit reagieren muss (Williams / Macedo 2005).

Das Differenzprinzip, wie John Rawls es vorschlägt, ist aus Perspektive solcher Ansätze zu schwach und zu abstrakt; es ist außerdem ein Prinzip, das große Ungleichheiten zulässt, solange sie nur der am schlechtesten gestellten Person auch zugutekommen, die zudem ein kooperierendes Gesellschaftsmitglied sein muss. Aber wie weit geht überhaupt die Verpflichtung des Staates, Ungleichheiten entgegenzuwirken, die in der Gesellschaft existieren, sei es aufgrund der Wirkungsweisen von Marktmechanismen, der jeweiligen Positionierung infolge der ökonomischen, kulturellen, ethnischen oder sonstigen Herkunft respektive Einbettung sowie weiterer Faktoren wie Bildung, Talenten und Fähigkeiten? Wir sind damit bei komplexen Fragen der sozialen Gerechtigkeit und Verteilungsgerechtigkeit angelangt. Die möglichen Antworten darauf könnten, wie sich an den folgenden Ausführungen zeigen wird, unterschiedlicher nicht sein.

Libertäre Theorien der Gerechtigkeit

Libertäre Ansätze lehnen das Konzept der sozialen Gerechtigkeit rundweg ab. Für Friedrich August von Hayek (1899–1992), ihren wohl bekanntesten Vertreter, ist sie eine Schimäre. Sie verträgt sich nicht mit der modernen Idee der freien Person, die moralische Verantwortung für sich und ihre Handlungen übernimmt (Hayek 1996, 182) und die sich im „Spiel des Marktes" engagiert, das zu Wachstum und Wohlstand führt und so die Chancen und Lebensbedingungen aller verbessert (Hayek 1996, 187). Legitim ist es allein, einen rechtlichen Rahmen zu schaffen, der den Eigentumserwerb regelt, die Bedingungen des Wettbewerbs optimiert und somit die Tauschgerechtigkeit institutionalisiert. Auf dem Markt hat jede Person ein Recht darauf, Waren und Dienstleistungen um ihren jeweiligen Marktwert zu handeln. Hayek hält es für unsinnig, ein davon unabhängiges Kriterium, etwa das Verdienst oder den angeblich realen Wert von Leistungen, ins Spiel zu bringen. Auf dem Markt teilt niemand aus, hier wird getauscht – und das Ergebnis dieses Tausches ist nicht planbar. Wenn sich allerdings alle an die Spielregeln halten, dann sieht Hayek das Ergebnis des freien Spiels der Kräfte auf dem Markt auch als gerecht an.

Hayek schreibt weniger eine Theorie der Gerechtigkeit, als dass er einen Feldzug gegen die Verteilungsgerechtigkeit führt. Sie ist für ihn nicht bloß eine Illusion (Hayek 1996, 93), mit der einzelne soziale Gruppen ihre Sonderinteressen bemänteln, sondern auch eine große Gefahr. Die Strategie, den Staat in die Pflicht zu nehmen, um soziale Gerechtigkeit über eine Umverteilung von Einkommen herzustellen, führt für ihn geradewegs in die „Vernichtung unseres Wohlstandes, der persönlichen Freiheit und der ganzen modernen Zivilisation" (Hayek 1996, 195). Jeglicher Eingriff in Märkte, um sie sozial gerecht zu korrigieren, ist für ihn ein Schritt in Richtung totalitärer Verhältnisse.

Eine weitere Zuspitzung findet die libertäre Theorie in Robert Nozicks (1938–2002) Buch „Anarchie, Staat und Utopie" (1974). Nozicks Ausgangspunkt ist, in Anknüpfung an einen Gedanken von John Locke, dass jeder Mensch Eigentümer seiner selbst ist und niemand gegen seinen Willen über ihn verfügen darf. Vor diesem Hintergrund fragt sich Nozick, unter welchen Voraussetzungen eine existierende Eigentumsordnung gerecht ist. Dafür entwickelt er eine historisch ansetzende *Anspruchstheorie der Gerechtigkeit* (Nozick 1974, 202ff.), die zwei Bedingungen aufstellt: Eigentum darf nicht ungerecht angeeignet und nicht ungerecht übertragen worden sein. Nun ist nicht davon auszugehen, dass dies in der Geschichte immer der Fall war. Nozick bezieht diese Problematik in seine Überlegungen ein und postuliert, dass auf ungerechten Bereicherungen beruhende Besitzverhältnisse korrigiert werden sollen.

Wenn gegen die Grundsätze der Anspruchstheorie nicht verstoßen wurde, dann spielt das Ergebnis der Verteilung keine Rolle. Die materielle Ungleichheit mag noch so groß sein – es ist für Nozick nicht Aufgabe des Staates, hier korrigierend einzugreifen. Dabei findet er bereits den Begriff der Verteilungsgerechtigkeit an sich problematisch: Denn bevor etwas verteilt werden kann, muss es erst erzeugt worden sein und hat vorher jemandem gehört. Wenn nun also eine Person durch den Staat gezwungen wird, von ihrem Einkommen und Vermögen etwas abzugeben, dann ist damit aus Nozicks (1974, 225) Perspektive eine Verletzung ihrer Rechte verbunden (ausgenommen sind Vermögens-verschiebungen zur Korrektur von historischen Ungerechtigkeiten). In Kombination mit seiner These, dass jeder Mensch Eigentum seiner selbst ist, kommt Nozick (1974, 225) zu dem bemerkenswerten Ver-dikt, dass die Besteuerung von Arbeitsverdiensten mit Zwangsarbeit gleichzusetzen ist.

Polemisch merkt Nozick an, niemand käme auf die Idee, von be-schäftigungslosen „Hippies" zu verlangen, dass sie Arbeit zugunsten Bedürftiger erbringen; die normal arbeitende Bevölkerung dagegen werde unbesehen geschröpft. Solche Ausführungen sind wohl Wasser auf die Mühlen aller, die unter der ihnen auferlegten Steuerlast stöhnen. Allerdings leidet Nozicks Theorie an einer überzogenen Eigentums-konzeption und einigen Ungereimtheiten: Zunächst werden Steuern ja nicht nur zur Umverteilung eingehoben; auch ein Minimalstaat will finanziert sein. Die größte Herausforderung handelt Nozick sich aber mit dem Grundsatz der Berichtigung ungerechter Besitzverhältnisse ein. Wenn man diesen Grundsatz nicht ganz eng fasst, dann ergibt sich daraus geradezu ein Auftrag zu einer groß angelegten Umverteilung. Denn ungerechte Aneignungsprozesse haben immer stattgefunden, daher kann gerade nicht davon ausgegangen werden, dass die Eigen-tumsverhältnisse gerecht sind.

Schließlich kann das von libertären Theorien in den Markt gesetzte Vertrauen aus der heutigen Perspektive einer globalen Finanz- und Wirtschaftskrise nur als blauäugig bezeichnet werden: Man muss kei-nem dogmatischen Sozialismus anhängen, um wahrzunehmen, dass der Markt Ungerechtigkeiten verursacht, Ausbeutungsverhältnisse ins-titutionalisiert und für Menschen Risiken schafft, die auszugleichen als genuine staatliche Aufgabe angesehen werden kann. Weitergehende Begründungen dafür werden sowohl von egalitaristischen als auch von nonegalitaristischen humanistischen Theorien geliefert.

Egalitarismus: Von gleichen Grundgütern, Ressourcen und Wohlergehen

Moderne Theorien der Gerechtigkeit kreisen um das Ideal gleicher Freiheit. Sie unterscheiden sich ganz grundsätzlich darin, ob sie Freiheit oder Gleichheit in den Mittelpunkt ihrer Überlegungen stellen. Libertäre Theorien setzen, wie eben dargestellt, bei der Freiheit an und verstehen Gleichheit ganz formal. Egalitaristische Theorien drehen den Spieß um und schieben anspruchsvolle Konzeptionen sozialer Gleichheit in den Vordergrund. Sie sehen in ihr den Dreh- und Angelpunkt jeglichen Nachdenkens über Gerechtigkeit. Eine wichtige Rolle für ihre Entwicklung spielt Rawls' Gedanke, dass soziale und ökonomische Ungleichheiten legitimationsbedürftig sind. Jene Ungleichheiten, die sich nicht legitimieren lassen, müssen ausgeglichen werden.

An diese These knüpft eine Reihe komplexer Fragen: Um welche Ungleichheiten geht es? Worauf sollen sich egalisierende Anstrengungen richten? Es kann ja wohl nicht darum gehen, Gleichheit im Elend zu schaffen. Als Bezugspunkte werden daher u. a. Grundgüter, Ressourcen oder Wohlergehen diskutiert. Wie weit soll die Forderung nach Gleichheit gehen? Soll man versuchen, eine Art Ergebnisgleichheit herzustellen? Oder geht es nur darum, die gravierendsten Ungleichheiten auszugleichen? Welche sollen das sein? Schließlich: Soll es eine Rolle spielen, worauf die Ungleichheiten respektive Schlechterstellungen zurückzuführen sind?

Setzen wir bei diesem letzten Punkt an: Gängige Theorien des Egalitarismus („Glücksegalitarismus"; vgl. Krebs 2000, 12) schlagen vor, nur solche Ungleichheiten zu korrigieren, für die jemand „nichts kann". Damit sind Unglücksfälle angesprochen, aber auch Ungleichheiten, die aus Ausbeutung resultieren. Ein Unglücksfall zeichnet sich dadurch aus, dass er nicht Folge eines Glücksspiels oder eines vermeidbaren Risikos ist (Cohen 1989, 908). Menschen haben demnach ein Anrecht auf Kompensation für jene Benachteiligungen, für die sie nicht verantwortlich zu machen sind. Im Gegenzug bedeutet dies, dass es im Egalitarismus für jene Situationen von Not und Mangel, in die eine Person aufgrund eigener autonomer Entscheidungen geraten ist und in denen sie schlechter gestellt ist als vergleichbare andere, kein Recht auf Kompensation oder Hilfeleistungen gibt – jedenfalls nicht aus dem Titel der Gerechtigkeit. Allenfalls kommt die Billigkeit in Frage, dies aber nur in jenen Fällen, in denen ihre Voraussetzungen erfüllt sind. Der Rest fällt in den Bereich der Charity.

Das sieht auf den ersten Blick sehr eng aus; allerdings kann der Anwendungsbereich egalitaristischer Prinzipien durch eine umfassende Definition dessen, was einen Unglücksfall ausmacht, stark ausgedehnt werden. Denn dazu gehören nicht nur Ereignisse wie der unverschuldete Verlust des Arbeitsplatzes, ein Unfall oder eine schwere Erkrankung; der Egalitarismus setzt viel tiefer an. Es gibt vieles, was Menschen sich nicht aussuchen können: eine sozial deklassierte Herkunft ebenso wenig wie eine angeborene Behinderung oder auch nur einen scheinbaren Mangel an Talenten. Und wie verantwortlich ist man wirklich dafür, was man aus sich macht? Wie jemand die eigenen Talente entwickelt, hat viel mit dem Umfeld zu tun; Bildung und soziale Herkunft stehen oft in einer Korrelation zueinander. Wenn jemand niemals ermutigt worden ist, die eigenen Talente zu kultivieren – wie viel Verantwortung kann ihm oder ihr dann für ein benachteiligtes Leben zugeschrieben werden? Egalitaristische Theorien zeichnen hier ein sehr breites Spektrum: von einer rigiden Konzeption individueller Verantwortlichkeit bis hin dazu, sie fast ganz entfallen zu lassen.

Nicht weniger komplex ist die nächste Problematik: Worauf sollen sich die Bemühungen um die Kompensation von Ungleichheiten beziehen? In der Literatur gibt es dazu verschiedene Vorschläge: Sie nennen Grundgüter (Rawls 1982), Ressourcen (Dworkin 1981), darunter ein bedingungsloses Grundeinkommen (Van Parijs 1991), Wohlergehen bzw. Chancen zum Erlangen von Wohlergehen (Arneson 1995) oder den Zugang zu Vorteilen (Cohen 1989). Jede dieser Dimensionen hat ihre Berechtigung, führt bei näherer Betrachtung aber auch in Schwierigkeiten, zumal wenn es um die Frage geht, ob das Ziel Ergebnisgleichheit oder bloß der Ausgleich von gravierenden Nachteilen im Sinne einer Abminderung von Ungleichheiten sein soll.

Wohlergehen etwa lässt sich schwer messen. Die Problematik geht aber wesentlich tiefer und betrifft bereits den Begriff des Wohlergehens selbst: Es kann auf anstößigen oder auf teuren Vorlieben beruhen. Anstößig sind Vorlieben, deren Befriedigung auf Kosten anderer geht. Teuer können Vorlieben entweder als solche sein (z. B. der Wunsch, eine Yacht zu besitzen), sie können sich jedoch auch daraus ergeben, dass jemand beim Konvertieren von Ressourcen in Wohlergehen nicht effizient ist: Während die eine Person mit einem Apfel zufriedenzustellen ist, bedarf die andere für das gleiche Gefühl des Wohlergehens einer großen Portion Austern. Das würde dann bedeuten, dass die Ressourcen, um gleiches Wohlergehen zu erzeugen, extrem ungleich verteilt werden müssten, was wiederum aus egalitaristischer Perspektive unhaltbar ist (Cohen 1989, 913).

Der naheliegende Ansatz, dann eben *Ressourcengleichheit* herzustellen, ist allerdings auch nicht der Weisheit letzter Schluss. Sehen wir uns zwei Varianten an. Eine Theorie verficht die simple *Gleichverteilung* von Ressourcen, beispielsweise in Form eines bedingungslosen Grundeinkommens (Van Parijs 1991). Allerdings ist hier zunächst zu bedenken, dass ein gleiches Einkommen an verschiedenen Orten ganz unterschiedlich viel wert ist. So kann die gleiche Anzahl von Ressourcen sehr unterschiedliche Auswirkungen auf das Wohlergehen haben, und zwar unabhängig davon, ob jemand persönlich teure Vorlieben hat oder ineffizient konvertiert. Um ein offensichtliches Beispiel zu gebrauchen: Wer in einer kühlen Klimazone lebt, braucht mehr Ressourcen zum Heizen, nicht nur, um nicht zu erfrieren, sondern um sich einigermaßen angenehmer Temperaturen zu erfreuen. Rechnerisch könnte man das noch lösen. Darüber hinaus wird es aber aufgrund der Art, wie Menschen mit dem Einkommen umgehen, permanent zu gravierenden Ungleichheiten kommen. Will man das vermeiden und versuchen, *Ergebnisgleichheit* herzustellen, dann müsste dies zu einer äußerst invasiven Politik der Umverteilung führen. Gleichheit in einem strikten Sinn kann demnach nicht das Ziel sein. Irgendwelche Ungleichheiten müssen immer ausgehalten werden – die Frage ist nur: welche?

Aufgrund der Schwierigkeiten beider Ansätze (Gleichheit des Wohlergehens und der Ressourcen) schlägt Arneson (1994) deren Kombination vor, indem er die gleichen *Chancen zum Erlangen von Wohlergehen* ins Zentrum seiner Überlegungen rückt. Dafür bräuchte man nach einem objektiven Maßstab äquivalente Güter. Inwieweit diese dann tatsächlich zum Wohlergehen führen, würde keine Rolle spielen müssen. Cohen verfolgt ein ähnliches Anliegen, kann sich aber mit dem Begriff des Wohlergehens nicht recht anfreunden. Er bevorzugt die Rede des gleichen Zugangs zu Vorteilen („equal access to advantage"; Cohen 1989, 916). Damit will er auch einbeziehen, dass die Fähigkeiten der Menschen, sich Vorteile zugänglich zu machen, unterschiedlich sind und bisweilen der Kompensation bedürfen – jedenfalls dann, wenn die schlechteren Fähigkeiten von den Betroffenen nicht zu verantworten sind. Typische Fälle wären unverschuldete Unfälle oder angeborene Behinderungen.

Nonegalitaristischer Humanismus: Alternativen zum Egalitarismus

Bei näherer Betrachtung leiden egalitaristische Theorien, so sympathisch ihr Anliegen auf den ersten Blick sein mag, unter erheblichen Schwierigkeiten. Die Auseinandersetzung damit hat zum Aufkommen einer Strömung geführt, die als „nonegalitaristischer Humanismus" (Krebs 2000, 31) bezeichnet werden kann. Solche Theorien lehnen den einseitigen Fokus auf die Gleichheit ab. Sie wollen soziale Gerechtigkeit auf anderem Wege konzipiert und erreicht sehen, indem sie sich nämlich darauf konzentrieren, was Menschen in diversen Situationen tatsächlich brauchen. Wenn jemand, so ein zentrales Argument, besonders schlecht gestellt ist, dann kommt es nicht darauf an, ob es anderen Menschen besser geht. Vielmehr muss es darum gehen, die Not und das Leid dieser Person zu lindern. Vergleiche mit anderen wären da gar nicht nötig; sie würden vielmehr zu einer Art Überkorrektur führen: „Weniger zu besitzen ist [...] vereinbar mit dem Besitz einer ganzen Menge, und schlechter abzuschneiden als andere impliziert nicht, schlecht abzuschneiden" (Frankfurt 1997, 42).

Das Schielen darauf, wie viel andere haben, stellt sich aber noch aus einem anderen Grund als problematisch dar: Es befördert nämlich weniger imponierende Eigenschaften von Menschen, wie Neid oder Gier. Dass es tatsächlich um Neidvermeidung geht, zeigt sich etwa an Ronald Dworkins Version des Ressourcenegalitarismus. Die Verteilung von Ressourcen im Rahmen einer ursprünglichen Auktion hält der Autor nämlich tatsächlich dann für gerecht, wenn niemand einer anderen Person ihr Ressourcenbündel neidig ist (Dworkin 1982, 285). Theorien der Gerechtigkeit, so die Kritik, sollen nicht dazu animieren, darauf zu schielen, was eine andere Person hat, sondern die grundlegenden Bedürfnisse von Menschen in den Blick nehmen.

Mit dem Fokus darauf, was Personen brauchen, um ein menschenwürdiges Leben zu führen, will der nonegalitaristische Humanismus jenes Element egalitaristischer Theorien abschütteln, das diesen den Vorwurf der Unbarmherzigkeit eingebracht hat: nämlich die Prämisse, dass Menschen nur dann Anspruch auf Hilfe aus dem Titel der

Gerechtigkeit haben, wenn sie ihre Not- oder Mangelsituation nicht selbst zu verantworten haben. Darauf könne es nicht ankommen: Das Recht auf die Bedingungen für ein menschenwürdiges Leben sei unabhängig davon zu gewährleisten, wie eine Person in Not und Mangel geschlittert ist oder warum sie der Situation von Not und Mangel, in die sie hineingeboren wurde, niemals entrinnen konnte. Die Frage nach der Selbstverantwortung wird hier allerdings vollständig ausgeblendet.

Die egalitaristische Prämisse, Kompensation gebe es nur im Fall von Unglück und Pech, wird noch aus anderen Gründen als problematisch angesehen: Will man Hilfeleistung in solchen Fällen erbringen, so bedarf es großer, mit umfassenden Kompetenzen ausgestatteter Bürokratien, die solche Situationen auf ihre Entstehung hin überprüfen und dann entscheiden, ob ein kompensationswürdiger Fall vorliegt oder nicht. Damit sind zwei Probleme verbunden: Erstens wird ein weitreichender Eingriff in die Privatsphäre vorgenommen, dessen Ergebnis zweitens *jedenfalls* zu einer Stigmatisierung führt. Im einen Fall wird die Person stigmatisiert, indem man ihr vorwirft, sie wäre selbstverschuldet in eine Notlage geraten; in diesem Fall dann auch noch auf Almosen angewiesen zu sein, setzt die Person der Gefahr aus, eben gar keine Hilfe zu bekommen. Die Stigmatisierung betrifft aber zweitens auch die Empfängerinnen und Empfänger von Hilfeleistungen, indem ihnen je nach Kompensationsgrund signalisiert wird, sie seien eben mit einem Mangel an Talenten ausgestattet, der es ihnen unmöglich mache, auf dem Arbeitsmarkt zu reüssieren, oder sie hätten (als Behinderte) Defizite, für die man ihnen großzügig Kompensation zukommen lässt (vgl. die sarkastische Darstellung von Anderson 2000, 140f.).

Die Schwierigkeiten und problematischen Züge, die hier skizziert wurden, verweisen auf ein tiefer liegendes Problem des Glücksegalitarismus: Er verfehlt den *Sinn* der Gleichheit. Elizabeth Anderson (2000, 119) bringt dies in schöner Weise auf den Punkt: „Das eigentliche negative Ziel egalitaristischer Gleichheit ist es nicht, den Einfluss des Zufalls auf die menschlichen Verhältnisse zu eliminieren, sondern der Unterdrückung, die definitionsgemäß ein soziales Phänomen ist, ein Ende zu bereiten. Sein eigentliches positives Ziel ist es […], […] eine Gemeinschaft zu schaffen, in der sich Menschen als Gleiche begegnen." Vor diesem Hintergrund verficht Anderson selbst eine Theorie demokratischer Gleichheit, die Bürgerinnen und Bürgern deshalb Ansprüche verleiht, weil sie *gleich sind*, weil ihre Bedürfnisse gleichermaßen zählen, und nicht deshalb, weil sie vom Schicksal geschlagen sind und Mitleid verdienen.

Aus diesem Vorschlag geht nun aber hervor, dass auch nonegalitaristische Positionen Gleichheit in Anspruch nehmen, und zwar entweder explizit, wie im Fall von Anderson, oder implizit, indem es keine nonegalitaristische Theorie gibt, die nicht vom Prinzip der gleichen Würde jeder Person ausgehen würde. Auch bei der Frage, wie denn der Zustand abwesender Armut oder unvorhandenen Leides zu fassen ist, wird man ohne vergleichende Maßstäbe nicht auskommen. In diesem Sinn spielt die Gleichheit auch bei jenen Ansätzen eine Rolle, die darauf abstellen, dass Menschen unter Bedingungen leben sollen, in denen sie ihre *Fähigkeiten* („capabilities") möglichst gut entwickeln können (Nussbaum 1999; Sen 1980). Martha Nussbaum knüpft in ihrer Theorie an Aristoteles an und versucht, eine Konzeption der Gerechtigkeit zu entwickeln, die eng an die Frage danach gebunden ist, was es bedeutet, ein gutes Leben zu führen. Dafür entwickelt Nussbaum (1999, 45) eine Theorie menschlicher Bedürfnisse und darauf basierend eine „starke vage Konzeption des Guten", die von dem Anliegen getragen ist, dass Menschen ein vielfältiges, erfülltes Leben führen können. Die dafür nötigen Güter sollen zur Verfügung stehen, um ein autonomes Leben zu ermöglichen.

Entsprechend hat ihre „starke vage Konzeption des Guten" zwei Ebenen: Die erste Ebene beinhaltet die konstitutiven Bedingungen des Menschseins (Nussbaum 1999, 49–57), etwa Sterblichkeit und den menschlichen Körper, die Fähigkeit zum Erleben von Freude und Schmerz, praktische Vernunft, die Verbundenheit mit anderen Menschen, aber auch mit Tieren und der Natur oder Humor und Spiel. Darauf aufbauend skizziert Nussbaum (1999, 57f.) Grundfähigkeiten des Menschen, die von staatlicher Seite zu gewährleisten sind. Dazu gehört z. B., nicht vorzeitig zu sterben, sich guter Gesundheit zu erfreuen, unnötigen Schmerz zu vermeiden, Bindungen aufzunehmen, eine eigene Vorstellung vom Guten zu entwickeln, aber auch zu hinterfragen. Insofern geht bei Nussbaum die Theorie des Guten der Theorie der Gerechtigkeit vor. Im Unterschied zu kommunitaristischen Konzepten soll es sich aber nicht um partikulare Vorstellungen des guten Lebens handeln, die anderen gegebenenfalls aufgezwungen werden, sondern um die Gewährleistung von Ermöglichungsbedingungen für ein erfülltes Leben in einer Gesellschaft, die dann gerecht genannt werden kann. „Die Regierung fördert Fähigkeiten und überlässt den Rest den Bürgern selbst" (Nussbaum 1999, 41).

Mit der egalitaristischen Kritik daran, dass dann eben Gleichheit einen zu geringen Stellenwert hat (z. B. Phillips 1999), ist der Kreis der Debatten um soziale Gerechtigkeit und um die richtig verstandene Balance zwischen Freiheit und Gleichheit wieder geschlossen. Sie werden weiter vehement geführt; Grund genug, sich einige Detailfragen näher anzusehen.

3

Gerechtigkeit im Sozialstaat und in Nahbeziehungen

Die Frage nach der richtigen Balance von Gerechtigkeitsprinzipien stellt sich in diversen Phasen und Sphären des menschlichen Lebens in ganz unterschiedlicher Art und Weise: sei es beim Zugang zu Bildung und Ausbildung, im Arbeitsleben oder im Gesundheits- und Pensionswesen. Die folgende Darstellung untersucht, welche Gerechtigkeitsfragen sich jeweils stellen und welche Prinzipien für die jeweiligen Herausforderungen angewendet werden können. Der Kontext für diese Fragestellungen ist der Sozialstaat, der moralische Rechte auf adäquate Versorgung mit Ressourcen durch ein System von Steuern und Versicherungen in juristische Ansprüche transformiert. In einem Exkurs wird thematisiert, inwieweit auch künftige Generationen und die Umwelt in Gerechtigkeitsüberlegungen einzubeziehen sind.

Mit Blick auf menschliche Nahbeziehungen war man lange Zeit der Meinung, dass sie sich für Gerechtigkeitsüberlegungen nicht eignen, weil sie auf der Gerechtigkeit fremden Grundlagen wie Liebe und Loyalität beruhen. Das macht die Frage nach der Gerechtigkeit allerdings nicht obsolet. Die Gründe dafür sind vielfältig: Interessengegensätze und Konflikte gibt es auch in Liebesbeziehungen; zudem hat die Art, wie Menschen ihre Nahbeziehungen organisieren, gravierende Auswirkungen auf ihre Position im öffentlichen Raum. Schließlich gilt es, die Familie als „Schule der Gerechtigkeit" zu thematisieren und zu ergründen, wie die Gesellschaft die Rahmenbedingungen nahen menschlichen Zusammenlebens gerechterweise gestalten sollte.

Der Sozialstaat als Kontext gerechter Ressourcenverteilung

Das menschliche Leben besteht aus verschiedenen Phasen und spielt sich in diversen Sphären ab, die miteinander vernetzt sind: Menschen werden geboren, sind zu Beginn ihrer Existenz hilflos, bedürfen der liebevollen Betreuung und Pflege, erlangen zunehmend, unterstützt durch Bildung und Ausbildung, eine gewisse Selbständigkeit, haben die Möglichkeit, Tätigkeiten nachzugehen, Verantwortung für sich selbst und andere zu übernehmen, sind konfrontiert mit Risiken wie Unfällen und Krankheiten, schließlich mit dem Alter und der eigenen Sterblichkeit. In all diesen Kontexten brauchen oder produzieren Menschen Ressourcen, eingebettet in soziale Kooperation. Die Herausforderungen sozialer Gerechtigkeit bestehen darin, die Ressourcenverteilung so zu gestalten, dass Menschen als gleichermaßen freie Personen jene Mittel erhalten, derer sie bedürfen und die sie verdienen. Damit sind drei Prinzipien angesprochen, die bei der Diskussion von Fragen der Gerechtigkeit am häufigsten in Anschlag gebracht werden: Gleichheit, Bedarf und Verdienst (vgl. Miller 1999, 68ff.).

Der Sozialstaat soll vor allem dafür sorgen, dass die im Rahmen sozialer Kooperation erwirtschafteten Ressourcen so verteilt werden, dass eine adäquate Versorgung aller Menschen in jenen Situationen gewährleistet ist, in denen ein erhöhter Ressourcenbedarf besteht, den die einzelne Person aus eigener Kraft oft gar nicht abdecken könnte. Das dafür notwendige Geld wird über Steuern sowie über staatliche und private Versicherungen aufgebracht. Damit wird *Reziprozität* institutionalisiert: Menschen erhalten Leistungen, weil sie durch Einbringen von Mitteln selbst die Grundlagen für deren Gewährleistung schaffen. Gleichzeitig institutionalisiert der Sozialstaat aber auch *Solidarität* mit jenen, die selbst keine Mittel beizusteuern vermögen. Auch ihnen soll die Partizipation an Gütern ermöglicht werden, die dem Überleben und dem guten Leben zuträglich sind (Kersting 2000a, 31ff.).

Betreuung und Bildung

Wenn wir nun entlang der Phasen des menschlichen Lebens auf die verschiedenen Sphären blicken, die gerechtigkeitsrelevant sind, so fällt der Blick zunächst auf die erste Lebensphase. Wer ein Kind in die Welt setzt, übernimmt damit die Verantwortung, dem neuen Lebewesen die bestmögliche Pflege angedeihen zu lassen, um die Entwicklung jener Fähigkeiten zu unterstützen, die Voraussetzung für eine autonome Lebensführung sind. Das betrifft zunächst die Betreuung in der Familie wie durch private oder staatliche Institutionen – wesentliche Themen im Zusammenhang mit der Gerechtigkeitsfrage in Nahbeziehungen und im Geschlechterverhältnis.

Angesprochen ist damit auch die Frage der Bildung. Bildung ist ebenso Zweck an sich selbst wie ein wesentliches Mittel zum selbstbestimmten Leben, nicht zuletzt, indem sie die Aussichten für das Erwerbsleben wesentlich verbessern kann. Mit Blick auf dieses fundamentale Gut – Bildung – herrscht weitgehend Einigkeit, dass der Zugang dazu nicht davon abhängen soll, aus welchen sozialen und ökonomischen Verhältnissen jemand kommt. Jedes Kind, jeder Mensch soll die gleichen Chancen auf eine möglichst gute, alters- und fähigkeitsadäquate Grundausbildung haben; dazu gehören besondere Förderungen für Menschen mit Behinderungen oder zur Unterstützung beim Erwerb der notwendigen Sprachkenntnisse, etwa bei Kindern mit Migrationshintergrund. Auch der Zugang zu höherer Bildung soll unabhängig von der persönlichen Ausstattung mit Ressourcen gewährleistet sein. Als entsprechendes Verteilungsprinzip gilt demzufolge primär die Chancengleichheit, gekoppelt mit jenem persönlichen Einsatz der Empfängerinnen und Empfänger von Leistungen im Bildungswesen, der notwendig ist, um zu reüssieren.

Gerechtigkeit und Arbeit

Westliche Gesellschaften sind um das Arbeitsleben herum organisiert: Welche Arbeit jemand leistet, ist ein wesentlicher Bezugspunkt der eigenen Identität und hat einen hohen Stellenwert im eigenen Leben und im Leben der anderen (Krebs 2002). Gleichzeitig werden durch Arbeit in sozialer Kooperation jene Ressourcen erzeugt, die für das (gute) Leben gebraucht werden. Darüber hinaus wird durch Besteuerung von Arbeitseinkommen und durch den Abzug von Versicherungsbeiträgen ein großer Anteil jener Mittel aufgebracht, die den Sozialstaat speisen.

Mit Blick auf Arbeit stellt sich eine Unzahl an Gerechtigkeitsproblemen. Eine ganz grundlegende Frage ist jene nach der Bewertung von

Arbeitsleistungen. Die Unterschiede zwischen dem, was ein Vorstands-
mitglied in einem Großkonzern und was eine Kindergärtnerin verdient,
sind frappierend – gelinde gesagt. Aus libertärer Sicht wäre das nicht
zu beanstanden: Wie gezeigt, überlässt Hayek die Bewertungsaufgabe
ganz dem Markt. Aus egalitärer Perspektive scheint dies allerdings sehr
fragwürdig. Denn der Markt produziert strukturelle Ungleichheiten,
die aus der Perspektive sozialer Gerechtigkeit ein Gegensteuern erforderlich machen. Dazu gehört auch ein nach dem Geschlecht und der
ethnischen Herkunft segregierter Arbeitsmarkt, auf dem jene Tätigkeiten, die primär von Frauen und von Angehörigen ethnisch minorisierter Gruppen erbracht werden, durchgängig schlechter bezahlt sind.

Darüber hinaus geht die Entwicklung zurzeit dahin, dass es in bestimmten Branchen selbst mit einem Vollzeitarbeitsplatz kaum mehr
möglich ist, ein Einkommen zu erwirtschaften, das ein anständiges
Leben gewährleistet. Dieser Form der Ausbeutung versucht man, durch
Mindestlöhne entgegenzutreten. Sie werden von den Sozialpartnern
im Rahmen der Aushandlung von Kollektivverträgen fixiert, die dazu
dienen sollen, den Markt in seinen Dumping-Tendenzen national ein-
zubremsen. Die in der globalen Wirtschaft zunehmende Verlagerung
der Produktion von Gütern in Staaten, die in jeder Hinsicht niedrigere
Standards aufweisen, stellt diese sozialpartnerschaftliche Praxis aber
zunehmend in Frage und macht die Problematik der Ausbeutung im
Arbeitsleben letztlich zu einem Thema globaler Gerechtigkeit.

Es ist eine Binsenweisheit, dass nicht jeder Mensch eine hoch quali-
fizierte, gut bezahlte und befriedigende Arbeitsstelle haben kann. Viele
Tätigkeiten, die gegen Bezahlung erbracht werden, scheinen nicht
sehr anspruchsvoll, sind schlecht bezahlt – und sind doch von größter
Bedeutung für das menschliche Zusammenleben. Man denke nur an
die Leistungen der Putztrupps in Bürogebäuden und im öffentlichen
Raum. Da immer jemand gebraucht wird, um solche Arbeiten zu erbringen, sollte man sozialpolitisch das Heil auch nicht ausschließlich
in der (höheren) Bildung sehen. Denn nicht alle können oder wollen
sich bilden, und deren Lebens- und Arbeitsbedingungen sind aus Perspektive der Gerechtigkeit ein ebenso bedeutsames Anliegen. Wenn
Bildung als alleiniger Indikator für die Fortgeschrittenheit einer Gesellschaft dient, wenn nur noch Universitätsabschlüsse zählen, dann ist
das kurzsichtig und auch ungerecht all jenen gegenüber, die harte, oft
schmutzige Arbeit leisten und damit einen wesentlichen Beitrag zum
Funktionieren der Gesellschaft erbringen (Walzer 1983, 244ff.).

Eine weitere Gerechtigkeitsdimension im Erwerbsleben ist die Frage der Gleichbehandlung im Sinne der Diskriminierungsfreiheit. Frauen, Lesben, Schwule, Angehörige ethnischer oder religiöser Minderheiten können sich darauf nicht verlassen. Bekanntlich sind sie bereits beim Zugang zum Arbeitsmarkt diskriminierungsgefährdet. Im Idealfall zählen dagegen ausschließlich jene Kriterien, die für diese Stelle von Belang sind. Die Entscheidung, an wen eine Stelle vergeben wird, sollte eine Funktion von Gleichheit in Kombination mit Qualifikationen sein (im Sinne dessen, dass eine Person es „verdient", eine Stelle zu bekommen).

Schließlich ist der Blick auf jene zu richten, die Arbeit außerhalb des Erwerbslebens leisten, z. B. bei der Sorge für andere im personalen Nahraum. Ihre aus Liebe und Loyalität erbrachten Leistungen sind chronisch unterbewertet; das schlägt sich auch in der schlechten Bezahlung jener nieder, die Tätigkeiten wie Kinderbetreuung oder Pflege von Kranken beruflich nachgehen. Aus einer Gerechtigkeitsperspektive eröffnen sich hier mehrere Felder. So stellt sich die Frage danach, wie Pflegeleistungen außerhalb des Erwerbslebens angemessen honoriert werden könnten: angesprochen sind damit Themen wie Kindergeld oder Pflegegeld. Dabei geht es um Ansprüche an den Staat; erwogen werden können aber auch Ansprüche an jene Personen, die von solchen Leistungen profitieren, insbesondere der Ehemann oder Lebensgefährte (in selteneren Fällen die Ehefrau oder Lebensgefährtin). Im Erwerbsleben geht es um die angemessene Bewertung solcher Tätigkeiten.

Angesichts der Prekarität vieler Arbeitsplätze – ein in Zeiten der Rezession besonders akutes Problem – und angesichts dessen, dass die übliche Organisation des Lebens um Erwerbsarbeit herum nicht unproblematisch ist, wird immer wieder erwogen, ein bedingungsloses, das heißt ein von Arbeitsfähigkeit wie auch Arbeitswilligkeit unabhängiges Grundeinkommen zur Verfügung zu stellen, das durch eine hohe Besteuerung von Einkommen und Vermögen erwirtschaftet werden soll (Van Parijs 1991). Die Debatte darüber ist kontrovers. Jene, die dafür eintreten, wollen lebenswürdige Umstände für alle Menschen verbürgt sehen und diese eben nicht an Bedingungen knüpfen. Dagegen wird kritisch eingewendet, dass dann jene instrumentalisiert werden, die bereit sind, sich durch ihre Arbeit an der sozialen Kooperation zu beteiligen und jene Ressourcen mit zu erwirtschaften, deren alle bedürfen. Es sei nicht legitimierbar, ein System einzurichten, das es ermöglicht, sich ausschließlich mit Ansprüchen an die Solidargemeinschaft zu wenden, ohne einen Beitrag zu leisten – obwohl man dazu fähig wäre.

Gerechtigkeit und Gesundheit

Zu den Grundvoraussetzungen eines menschenwürdigen Lebens zählt, im Fall eines Unfalls oder einer Erkrankung eine bedarfsadäquate Versorgung mit Gesundheitsgütern zu erhalten – unabhängig vom eigenen sozialen und ökonomischen Hintergrund, unabhängig aber auch von den Ursachen für den behandlungsbedürftigen Zustand. Der rechtliche Anspruch auf solche Leistungen wird über die Einbindung in das System der Krankenversicherung verbürgt. Generell erfolgt die Finanzierung des Gesundheitswesens über ein Mischsystem aus öffentlicher Sozialversicherung, privaten Versicherungen und dem Steueraufkommen, zumal wenn die öffentlichen Krankenkassen finanziell überlastet sind (Wallner 2004, 196ff.). Die Idee der Krankenversicherung besteht darin, dass man nach den eigenen Fähigkeiten einzahlt – die Höhe der Beitragsleistung ist von der Höhe des Einkommens abhängig. Die Qualität der Versorgung soll davon aber unabhängig sein: Jede Person hat den Anspruch auf die gleiche Qualität von Gesundheitsleistungen. Relativiert wird dieses Prinzip durch Selbstbehalte, Rezeptgebühren, Höchstbeitragsgrundlage, Nichtberücksichtigung von anderen Quellen des Einkommens und Reichtums als Erwerbseinkommen sowie durch private Versicherungen, die zusätzliche Leistungen anbieten.

Seit einigen Jahren steht die Finanzierungskrise des Gesundheitssystems im Mittelpunkt der Gerechtigkeitsdebatte (Kersting 2000b). Die Finanzierungsproblematik wird durch verschiedene Faktoren hervorgerufen. Dazu gehört die Weiterentwicklung medizinischer Methoden, u. a. durch Einsatz kostenintensiver Technologien, aber auch durch die demographische Entwicklung. Immer mehr Menschen werden immer älter; chronische Krankheiten bedürfen der Dauerversorgung mit zunehmend (und in der Summe jedenfalls) teuren Medikamenten. Der dadurch entstehende Kostendruck verschärft einige ohnedies bestehende Probleme der gerechten Verteilung von Gesundheitsgütern. So kann es im Extremfall dazu kommen, dass bestimmte Leistungen nicht vorwiegend aus medizinischen, sondern aus finanziellen Gründen verwehrt werden. Berüchtigt sind aus dem englischen Gesundheitssystem berichtete Vorgaben, nach denen bestimmte Behandlungen ab einem gewissen Alter von der staatlichen Krankenversicherung nicht mehr übernommen werden, weil sie sich nicht mehr „auszahlen". Die hier angesprochene Rationierung (Schöne-Seifert 2006) muss aber nicht bedeuten, dass eine Leistung verwehrt wird. Es kann auch sein, dass man zum Erhalt der medizinischen Leistung einen Kostenbeitrag erbringen muss („Selbstbehalte"). Der Nebeneffekt solcher Kostenbeiträge ist ein erhöhtes Kostenbewusstsein, was zu Einsparungen führen kann. Sie haben allerdings zur Folge, dass sozial schwächer gestellte Personen medizinische Leistungen weniger in Anspruch nehmen, was sich negativ auf ihre Gesundheit auswirkt.

Gerechtigkeit im Pensionssystem

Die gerechte Mittelaufbringung für das Leben in der Rente ist zentrales Thema der Gerechtigkeit zwischen den Generationen. Nach dem Zweiten Weltkrieg wurde dies in Staaten wie Deutschland und Österreich zunächst als reines Umlageverfahren angelegt: Die jeweils erwerbstätige Generation erwirtschaftet die Versorgung derjenigen, die sich in Pension befindet – im Vertrauen darauf, dass es eine hinreichend große erwerbstätige Generation geben wird, die dann für sie zahlt, wenn sie selbst nicht mehr erwerbstätig ist. Man spricht hier vom „Generationenvertrag". Die versicherte Person erwirbt durch ihre Einzahlungen einen Anspruch gegen die Gemeinschaft der Pensionsversicherten. Nach einer anderen Sichtweise erbringen diejenigen, die in die Rentenkassen einzahlen, damit eine Gegenleistung dafür, dass sie von ihrer Vorgängergeneration die Ressourcen für ein gedeihliches Aufwachsen, für Bildung und Ausbildung zur Verfügung gestellt bekommen haben (Reuter 2005, 166). Die Höhe der Pension ist gekoppelt an das eigene frühere Einkommen, wird abgefedert durch Bestimmungen über die Mindesthöhe und angepasst an die Renten- und Lohnentwicklung, was eine Teilhabe am (im besseren Fall steigenden) Wohlstandsniveau gewährleisten soll.

Dieses System wird derzeit aus verschiedenen Gründen auf die Probe gestellt bzw. ist im Umbruch. Eine große Rolle spielt dabei der demographische Wandel, im Zuge dessen sich die Bevölkerungspyramide so verändert, dass eine wachsende Zahl von Pensionistinnen und Pensionisten einer stagnierenden Zahl von Erwerbstätigen gegenübersteht. Dieses Problem will man im Zeichen des neoliberalen Paradigmas unter anderem damit in den Griff bekommen, dass man die staatliche Pensionsversicherung um weitere Säulen ergänzt, die nicht über das Umlageverfahren, sondern auf dem Wege der Kapitaldeckung in Rentenfonds finanziert werden. Manche argumentieren gar dafür, das Pensionssystem ganz in diesem Sinn umzustellen. In einem solchen System allerdings gilt, so wird kritisiert, „allein die Beitragsäquivalenz im Sinn eines privaten Versicherungssystems mit der Folge, dass die Polarisierung zwischen Arm und Reich im Alter verschärft und die Konzentration demokratisch unkontrollierter Kapitalmacht bei den Rententrägern gefördert wird. Dabei ist das Anlegerrisiko am Kapitalmarkt bekanntlich nicht gering zu schätzen" (Reuter 2005, 168). Mit einem derartigen Problem hat man es zurzeit tatsächlich zu tun; die Krise des Kapitalmarkts hat die Pensionsersparnisse einer ganzen Generation in nachgerade grotesker Weise zusammenschrumpfen lassen.

Das ist nicht zuletzt deshalb besonders prekär, weil die Pflege im Alter erhebliche Kosten verursachen kann. Häufig übersteigen diese die Möglichkeiten einzelner Personen und die der ihnen Nahestehenden. Es ist daher nicht verwunderlich, dass sich für den Fall der 24-Stunden-Betreuung ein „grauer Markt" entwickelt hat. Er lebt davon, dass diese Betreuung von Frauen übernommen wird, die dies nur deshalb machen können, weil die relativ geringe Summe, die ihnen für ihre Leistungen bezahlt wird, in ihrem Herkunftsland einen wesentlich höheren Wert hat als hierzulande. Dass diese Situation aus einer Gerechtigkeitsperspektive hochgradig problematisch ist, versteht sich von selbst. Sie wäre aber nur mit einem enormen Kraftakt seitens der Solidargemeinschaft zu lösen, der in Zeiten akuter Finanzierungsprobleme nicht zu erwarten ist.

Exkurs: Intergenerationelle Gerechtigkeit und Umwelt

Die Ansprüche künftiger Generationen im Sinne einer „intergenerationellen Gerechtigkeit" (Leist 1991) gehen in der Demokratie häufig unter. Das hat mit der Tagesbezogenheit von Politik ebenso viel zu tun wie damit, dass kommende Entwicklungen unsicher sind und man nicht genau weiß, wie stark die Lebensgrundlagen zukünftiger Menschen durch aktuelle Entscheidungen gefährdet werden. Das gilt für den Umgang mit natürlichen Ressourcen ebenso wie für das Klima.

Weil ein solcher Einfluss aber auf Basis wissenschaftlicher Erkenntnisse jedenfalls zu vermuten ist – und angesichts des rasanten Verbrauchs von nicht erneuerbaren Ressourcen –, wurde das Konzept der Nachhaltigkeit entwickelt. Die UNO proklamierte es bereits im Jahr 1987 als zentrales Politikziel (Brundtland 1987). Auf eine kurze Formel gebracht: Die Bedürfnisbefriedigung der gegenwärtigen Generation darf jene zukünftiger Generationen nicht gefährden. Es geht also darum, eine zukunftsfähige Art zu finden, Wirtschaft zu betreiben und zu leben, sodass unsere moralischen Verpflichtungen zukünftigen Generationen gegenüber nicht verletzt werden.

Dafür können einige Kriterien vorgetragen werden: Erneuerbare Rohstoffe sollen so genutzt werden, dass sie entsprechend nachwachsen oder neu gebildet werden können; nicht erneuerbare Rohstoffe sind sparsam zu verwenden (bzw. es ist darauf hinzuarbeiten, dass sie substituiert werden können); der Naturhaushalt ist in seiner Eigendynamik zu respektieren, insbesondere sind Beeinträchtigungen des Klimas möglichst zu vermeiden; schließlich sollten Beschädigungen der Umwelt durch die Art, wie Abfall gelagert und vernichtet wird, möglichst minimiert werden (Ekardt 2005). Mit einem solchen Zugang wird nicht nur die Verantwortung gegenüber künftigen Generationen (Birnbacher 2003) wahrgenommen. Vielmehr würden im Einklang damit befindliche Verhaltensweisen auch die Probleme aktuell lebender Generationen reduzieren und könnten zu einer gerechteren Verteilung von Ressourcen im globalen Maßstab führen.

Soll auch das *Verhältnis zwischen Mensch und Tier* unter den Vorzeichen der Gerechtigkeit diskutiert werden (Hursthouse 2000; Maier 2008)? Bislang wurde Gerechtigkeit hier so definiert, dass es um Rechte und Pflichten geht, die menschliche Subjekte wechselseitig voneinander fordern können. Tiere können nicht in diesem Sinn Forderungen an Menschen stellen. Dennoch wäre es kurzsichtig, wie dies in der philosophischen Tradition üblich ist, davon auszugehen, dass Menschen einfach über sie verfügen können. Denn zwischen Menschen und Tieren liegt eine gewisse Bezogenheit vor, die es angezeigt scheinen lässt, diese Beziehungen von Gerechtigkeitsüberlegungen nicht völlig abzukoppeln.

Hier gilt es allerdings gleich zu differenzieren: Die Beantwortung der Frage, was Menschen Tieren schulden, hängt davon ab, in welchem Verhältnis sich Mensch und Tier zueinander befinden. Das ist unterschiedlich, je nachdem, ob es sich um Haustiere, Nutztiere oder Wildtiere, um Säugetiere oder Insekten handelt. Wir instrumentalisieren etwa *Nutztiere*, indem wir über sie als Ressource verfügen. Die Behandlung kann aber sehr unterschiedlich sein, etwa im weiten Spektrum zwischen Freilandhuhn und industrialisierter Haltung von Hühnern in Legebatterien. Und was ist mit der Inanspruchnahme von Tieren im Rahmen von Versuchen zur Entwicklung neuer Medikamente? Bestimmungen zum Tierschutz bringen heute jedenfalls zum Ausdruck, dass Tiere keine „Sachen" sind. Tierquälerei ist verboten, daher gibt es auch strenge Regelungen für die Haltung von Nutztieren und deren Transport. Solche Regelungen sind Ausdruck eines Wandels, der sich in den letzten Jahrzehnten vollzogen hat und der die Leidfähigkeit von Tieren zum Ausgangspunkt nimmt. Maier (2008, 212) nennt als äußerste Grenze im Umgang mit Tieren die Vorgabe, dass „das ‚Nur-Leid' sein des Tieres nicht den wesentlichen Teil seines Lebens definier(en)' darf (Spaemann)".

Im Verhältnis zu den *Wildtieren* ist es so, dass die Ausbreitung der Menschen ihren Lebensraum einschränkt; hieraus könnte eine Verantwortung abgeleitet werden, Abhilfe zu schaffen. Einige Tiere sind dem Menschen so „nah", dass diskutiert wird, ihnen Menschenrechte einzuräumen. Das spanische Parlament hat dies im Jahr 2008 mit Blick auf bestimmte Menschenaffen getan. Hinsichtlich des Für und Wider gehen die Meinungen auseinander: Auch Menschenaffen sind eben keine Menschen, daher können sie keine Menschenrechte geltend machen; diese Problematik kann allerdings dadurch bewältigt werden, dass ihnen ein Sachwalter beigestellt wird. Während die einen also die Sinnhaftigkeit solcher Rechte bezweifeln, finden die anderen, dass die Initiative zu kurz greift, und sie fragen, warum nur *bestimmte* Menschenaffen davon profitieren sollen. Sichtlich sind das alles sehr umstrittene Fragen. Es ist davon auszugehen, dass die Forderungen nach Anerkennung des Subjektcharakters zumindest bestimmter Tiere mehr Unterstützung finden werden, je deutlicher sich anhand von Genforschungen zeigt, wie nahe wir Menschen mit ihnen verwandt sind.

Gerechtigkeit in Nahbeziehungen

Gerechtigkeit in Nahbeziehungen, zumal in Ehe und Familie, war lange Zeit kein Thema, weil dieser Bereich als genuine Domäne der Liebe angesehen wurde. Während Feministinnen dies immer schon kritisierten und auf die Ungerechtigkeit der patriarchalen Familienorganisation hinwiesen, wurde dies im Bereich der konventionellen Gerechtigkeitstheorien kaum wahrgenommen. Dass Rawls (1971) in seiner Theorie der Gerechtigkeit der Familie als Basisinstitution der Gesellschaft ein eigenes Kapitel widmete und ihr als „Schule der Gerechtigkeit" besondere Bedeutung zumaß, wurde in der Rezeption weitgehend ignoriert. Tatsächlich aber ist das Privatleben ein für Gerechtigkeitsüberlegungen ganz zentraler Ort. Die herkömmliche Familie hat mit ihrer Aufgabenverteilung und der damit verbundenen Zuschreibung von Tugenden – Frauen seien fürsorglich, Männer gerecht und für das Ökonomische zuständig – eine erhebliche Wirkung auf die Situation von Frauen im öffentlichen Leben. Es ist daher nur folgerichtig, wenn der zentrale feministische Slogan in den 1980er Jahren lautete: „Das Private ist politisch!"

In der Philosophiegeschichte wurde das Verhältnis von Liebe und Gerechtigkeit zunächst nur thematisiert, um die Gerechtigkeit für unzuständig zu erklären. Für David Hume etwa setzt Liebe die Anwendungsbedingungen der Gerechtigkeit außer Kraft, weswegen es dieser Tugend in Liebesbeziehungen nicht bedarf: Es fällt die Kollision der Interessen weg, denn die Herzen sind ja im Einklang, und es entfällt die Konkurrenz um knappe Güter. In Familien würde man sich diesem Ideal weitgehend annähern, und dies hat weitreichende Konsequenzen: „Zwischen verheirateten Personen hält die Gesetzgebung das Band der Freundschaft für so stark, dass jede Eigentumstrennung aufgehoben wird; und häufig hat es tatsächlich die ihm zugeschriebene Kraft" (Hume 1740, 104).

Das Hume'sche Ideal der Einheit der Interessen in der Familie ist unmittelbarer Anknüpfungspunkt der Überlegungen des Kommunitaristen Michael Sandel. Für ihn besteht eine ideale Familiensituation darin, dass individuelle Ansprüche und faire Entscheidungsverfahren selten in Anschlag gebracht werden (müssen). Vielmehr herrscht ein Geist des Wohlwollens, in dem man kaum dazu neigt, den eigenen fairen Anteil zu fordern (Sandel 1982, 33). Wenn nun Interessen divergieren und die Anwendungsverhältnisse der Gerechtigkeit in den Vordergrund treten, dann ist das in seinen Augen mit einem Qualitätsverlust verbunden: ein Zeichen für einen Verfall der Beziehung. Sandel geht noch weiter: Argumente der Gerechtigkeit überhaupt einzubringen, würde die Situation geradezu ihrer idealen Qualität berauben.

Denn wer Gerechtigkeit einfordert, vertraut nicht (mehr) darauf, aus Wohlwollen das ihm oder ihr Zustehende zu bekommen. Die Dynamik einer wechselseitigen – gerechten – Abstimmung von Interessen erscheint als illegitimer Angriff auf die Qualität der Beziehung. Divergenz von Interessen und Austrag von Konflikten werden als reine Bedrohung der Harmonie und damit der Beziehung selbst dargestellt.

Das ist so, als würde Liebe darin bestehen, einfach nur zu lieben, als handelte es sich um ein Paralleluniversum. Liebe ist aber ein Phänomen in der Welt und in der Zeit. Wenn Liebe zum Anlass wird, am Leben einer anderen Person teilzuhaben, dann muss sie sich auch im Alltag bewähren. Hier sollte die Kommunikation über unterschiedliche Interessen und die Aufteilung von Rechten und Pflichten selbstverständlich sein. Sie sind geradezu das Merkmal einer funktionierenden Beziehung als komplexer Prozess gelebter Liebe. Konstruktiv geführte Debatten über Gerechtigkeitsprobleme können zu ihrer Vertiefung führen. Demgegenüber mag die Liebe durch permanente Ungerechtigkeiten, die ja auch als (bewusste oder unbewusste) Lieblosigkeiten rekonstruiert werden können, verwirkt werden (Holzleithner 2001). Dabei bedeutet eine gerechte Organisation des Zusammenlebens keineswegs (wie häufig unterstellt wird), dass alle das Gleiche tun sollen – es geht vielmehr um das Bemühen um eine Ausgewogenheit der jeweiligen Beiträge. Genau dafür steht auch das Prinzip der Partnerschaftlichkeit in der Ehe, das seit den 1970er Jahren rechtlich etabliert ist, auch wenn seine Umsetzung in vielerlei Hinsicht zu wünschen übrig lässt.

Gerade wenn Menschen Kinder haben, scheint es besonders wichtig, dass das Bemühen um gerechte Verhältnisse kultiviert wird. Denn Kinder sollen dabei unterstützt werden, einen Gerechtigkeitssinn zu entwickeln, und das geht nur dann, wenn ihnen das auch vorgelebt wird. Das erste und prägendste Beispiel der Interaktion von Erwachsenen sollte nicht von Dominanz, Manipulation oder einseitiger Selbstaufopferung geprägt sein. Und wenn Kinder nicht selbst mit Rücksicht und Respekt behandelt werden, dann ist es nicht sehr wahrscheinlich, dass sie Menschen werden, die ihr Leben an Gerechtigkeitsprinzipien orientieren. Darüber hinaus hat ein partnerschaftliches Teilen der Verantwortung in der Familie einen weiteren positiven Einfluss. Denn die Erfahrung, eine Betreuungsperson zu sein, sei es für ein Kind oder eine andere erwachsene Person, so meint etwa Susan Moller Okin (1991, 17f.) ganz zu Recht, vergrößert die Fähigkeit, sich in andere hineinzuversetzen und ihre Standpunkte in umfassender

Weise zu verstehen; beide Fähigkeiten sind bedeutend für den Gerechtigkeitssinn.

Selbstredend brauchen Kinder „mehr" als „bloß" Gerechtigkeit. Sie sind darauf angewiesen, in ihrem Aufwachsen mit Liebe und Fürsorge begleitet zu werden. Nur so können sie jenes Selbstvertrauen und Selbstwertgefühl entwickeln, das notwendig ist, um den Herausforderungen des Lebens gewachsen zu sein. Diese Dimension ist vor allem von der feministischen Literatur in die Gerechtigkeitsdebatte eingebracht worden. Überlegungen, etwa von Carol Gilligan (1982), hatten denn auch zum Ziel, den Primat der Gerechtigkeit ganz generell zu relativieren und die Dimension der Fürsorge als „andere Stimme" der Moral zu integrieren. Das ist im Übrigen auch möglich, ohne Fürsorge auf der einen und den gerechten Ausgleich von Interessen auf der anderen Seite geschlechtlich zu kodieren.

Eine andere Dimension von Nahbeziehungen ist die Freundschaft. Für sie gilt Analoges wie für die Liebe: Sie lebt davon, mehr zu sein als bloß gerecht (Aristoteles, NE, Bücher VIII–IX); das bedeutet aber nicht, dass Gerechtigkeit keinen Stellenwert hätte. Allerdings sind ihre Anforderungen anders eingebettet als zwischen Fremden oder Menschen in einer reinen Geschäftsbeziehung: nämlich in ein gelebtes Wohlwollen, das Freundinnen und Freunde wie Liebende darauf vertrauen lässt, nicht übervorteilt zu werden. Gerechtigkeit stellt sich dann, so könnte es scheinen, geradezu von selbst ein, weil sie eingeübt wurde und gelebte Praxis ist. Sie ist eine Gerechtigkeit ohne Rigorismus, deren Bedeutung man erst dann merkt, wenn man plötzlich ihrer Abwesenheit gewahr wird.

Gerechtigkeit für Nahbeziehungen

Angesichts ihrer Bedeutung für das Zusammenleben der Generationen schien es immer würdig und recht, dass der Staat Ehe und Familie auch institutionell verfestigt, unterstützt und vor dem Hintergrund bestimmter Idealvorstellungen reguliert. Verheiratete Menschen genießen Vorteile, die andere nicht haben, wobei anzumerken ist, dass die rechtlichen Regelungen für Lebensgemeinschaften jenen der Ehe zunehmend angenähert werden. Die Realitäten von Patchworkfamilien machen dies erforderlich. Inspiriert vom Gleichheitsgedanken gehen weiterführende Gerechtigkeitsüberlegungen neuerdings in zwei verschiedene Richtungen. Zum einen existiert die Forderung danach, für gleichgeschlechtliche Beziehungen einen rechtlichen Rahmen zur Verfügung zu stellen, der jenem der Ehe an Rechten und Pflichten gleicht. Die einfachste Art, dies zu bewerkstelligen, ist die Öffnung der Ehe für gleichgeschlechtliche Paare, wie sie z. B. in Spanien oder in Schweden vollzogen wurde. Vielerorts scheitert dies bislang an ideologischen und religiösen Vorbehalten. Jenen, die religiös argumentieren, kann freilich vorgehalten werden, die Trennung von Kirche und Staat nicht hinreichend ernst zu nehmen.

Ein zweiter, (noch) radikalerer Standpunkt stellt demgegenüber die Ehe als Statusgemeinschaft ganz grundsätzlich in Frage und findet es falsch, wenn Homosexuellenaktivismus sich auf den Heiratswunsch kapriziert. Die Ehe verteile Privilegien und vermittle nach wie vor problematische Bilder des Zusammenlebens von Ungleichen. Kritisch wird vorgebracht, dass die Ehe Versorgungsleistungen privatisiert, die eigentlich Aufgabe der gesamten Solidargemeinschaft wären und vergesellschaftet werden sollten. Das gilt für die Kinderbetreuung ebenso wie für die Pflege im Fall von Alter und Krankheit. Nur eine Abschaffung der Ehe könne die Ziele einer radikalen Gesellschaftskritik realisieren, darunter die Auflösung der Geschlechterstereotypen ebenso wie eine Ablösung der Ehe als Versorgungsgemeinschaft. Dem Wunsch nach Abschaffung der Ehe kann entgegengehalten werden, dass es sich dabei um eine Utopie handelt, die an den Wünschen und Interessen vieler Menschen vorbeigeht. Rechtliche Normen und Verfahren können gerade beim Zerbrechen von Beziehungen eine wichtige und produktive Rolle spielen, indem zwischen den Betroffenen vermittelt wird. Dabei geht es um die Verteilung von Gütern ebenso wie von Verantwortlichkeiten, etwa mit Blick auf die Obsorge über Kinder.

Viele Nahbeziehungen scheitern. Dabei kommen staatlichen Institutionen wichtige Aufgaben zu. Wenn Kinder vernachlässigt oder gequält werden, wenn Frauen, Behinderte oder Kranke misshandelt werden und Gewalt erleiden, dann bedarf es der staatlichen Intervention, dann darf die Privatheit eben nicht vor dem abschirmen, was im „Familienkreis" passiert. Dafür muss der Staat im Sinn der Verteilungsgerechtigkeit ausreichende Mittel abstellen. Damit wird auch der Sinn eines Satzes von Rawls (2001, 257) eingelöst, der sichtlich feministisch inspiriert ist: „Wenn die sogenannte Privatsphäre ein Raum sein soll, in dem die Gerechtigkeit keine Geltung hat, dann gibt es eine solche Sphäre nicht."

Ungerechtigkeit durch Nahbeziehungen

Niemand kann sich aussuchen, in welche Familie er oder sie hineingeboren wird. Das ist insofern ein Thema sozialer Gerechtigkeit, als Menschen dadurch mit Blick auf die ihnen zur Verfügung stehenden Ressourcen von Anfang an sehr unterschiedlich ausgestattet sind. Die Ungleichheiten, die dadurch entstehen, sind enorm; sie wirken sich, wie bereits im Abschnitt über den Egalitarismus dargelegt wurde, im gesamten Leben aus. Wer hier ausgleichend tätig sein will, wird hohe Steuern auf Erbschaften, Schenkungen und Vermögen als solches erheben. Genau die durch die Familie erzeugte Ungleichheit ist einer der Gründe dafür, warum bereits Rawls (1971, 555) darüber nachgedacht hat, ob es nicht besser wäre, Ehe und Familie abzuschaffen. Er hat die Idee aber gleich wieder verworfen, weil ihm die Leistungen, die innerhalb der Familie erbracht werden, und der „Wert des Privaten" (Rössler 2001) als zu wichtig erscheinen.

Mit der Familie (aber nicht nur mit ihr) ist zudem das Problem der Bevorzugung von Menschen verbunden, zu denen man eine nähere Beziehung hat oder denen man sich jedenfalls nahe fühlt: Familienangehörige, Freundinnen und Freunde, aber auch Menschen aus demselben Club, desselben Geschlechts, derselben ethnischen Herkunft etc. Im Fall der Familienangehörigen trägt dieses Problem den Namen „Nepotismus". Die prekäre Balance zwischen dem privaten und öffentlichen Leben findet auch hier ihren Ausdruck.

4

Geschlechtergerechtigkeit im Kontext der Ungleichheit

Die Frage nach der Gerechtigkeit im Geschlechterverhältnis befasst sich mit den Ungleichheiten in den Beziehungen zwischen Frauen und Männern. Sie betrifft sowohl die Organisation des Privatlebens als auch das öffentliche Leben, in dem Frauen nach wie vor unterrepräsentiert sind. Um sich den hier einschlägigen Themen zu nähern, ist zunächst zu untersuchen, was es mit der Geschlechterdifferenz auf sich hat. Dabei werden verschiedene feministische Theorien und ihre Sichtweise von Gleichheit und Ungleichheit im Geschlechterverhältnis dargestellt. Vor diesem Hintergrund ist weiter zu überlegen, wie Geschlechtergerechtigkeit angestrebt werden könnte. Dabei ist zu beachten, dass der Blick auf die Geschlechterdifferenz allein zu eng ist. Vielmehr sind auch andere Achsen der Ungleichheit wie ethnische Herkunft, Religion oder sexuelle Orientierung in die Überlegungen mit einzubeziehen.

Gleichheit und Differenz zwischen den Geschlechtern

Diskussionen über die Gerechtigkeit im Geschlechterverhältnis beginnen häufig mit der bekannten aristotelischen Gleichheitsformel: Gleiches sei gleich, Ungleiches ungleich zu behandeln. Darauf stützte man traditionell die Ansicht, dass Frauen, weil sie eben anders seien als Männer, auch anders behandelt werden sollen. Lange Zeit herrschten konventionelle Vorstellungen vom „Wesen der Frau" vor, in deren Zentrum ein scheinbar unvermeidliches Schicksal für Frauen stand: nämlich das Gebären von Kindern und die Sorge für den Nachwuchs. Feministische Interventionen setzten damit an, diese Sichtweise fundamental in Frage zu stellen. Als wesentlich erwies sich zunächst die Einsicht, dass es zwar auf körperlicher Ebene gewisse Unterschiede zwischen den Geschlechtern gibt (biologisches Geschlecht), dass sich aber daraus mit Blick auf die soziale Gestaltung der Geschlechterrollen keine notwendigen Konsequenzen ergeben. Der klassische Satz von Simone de Beauvoir (1949, 265) bringt genau dies zum Ausdruck: „Man kommt nicht als Frau zur Welt, man wird es." Welche Rolle soll dann die Geschlechterdifferenz im sozialen Leben spielen dürfen? Inwiefern bedarf eine gerechte Gestaltung der Geschlechterverhältnisse einer Berücksichtigung der Geschlechterdifferenz – oder sollte sie besser ganz ignoriert werden? Wäre das überhaupt möglich?

Der *humanistische Feminismus*, wie er von Beauvoir bereits in den späten 1940er Jahren vertreten wurde, kann als radikale Gegenwehr gegen die rigide Platzanweisung an Frauen angesehen werden. Er verlangt eine simple Gleichbehandlung von Männern und Frauen. Das Geschlecht soll keine Rolle spielen, weil Frauen alles gleich gut (oder schlecht) können wie Männer. Ein solcher Ansatz gibt allerdings den männlichen Maßstab nicht auf: Frauen sollen so sein (können) wie Männer. Entsprechend fordert ein anderer feministischer Ansatz, die *Differenztheorie*, einen genauen Blick auf die biologischen Unterschiede zwischen Männern und Frauen, insbesondere die Reproduktionsfähigkeit, die sich auch sozial niederschlagen – und das dürfe nicht ignoriert werden. Frauen übernehmen viel häufiger die Verantwortung für den Nachwuchs ebenso wie für andere nahestehende pflegebedürftige Personen und brauchen daher besondere Unterstützung. Die Perspektive, dass Frauen „spezielle" Bedürfnisse im Unterschied zu den Maßstäbe setzenden Männern haben, wird allerdings auch hier nicht aufgegeben. Frauen bleiben „das Problem" im Rahmen einer von Männern dominierten Gesellschaft.

Der *gynozentrische Feminismus* geht daher noch einen Schritt weiter (Young 1985). Er sieht die Problematik darin, dass die gesamte Gesellschaft von patriarchalen Werten durchzogen ist. Sie müsse entlang klassisch weiblicher Werte wie Fürsorge, Empathie oder Mütterlichkeit umgestaltet werden. Diese Forderung ist mit einer Kritik am Konzept der Gerechtigkeit selbst verbunden: Sie stellt das „Trennende" in den Vordergrund, die Kollision von Interessen und den Kampf darüber, wessen Interessen obsiegen. Diese Sichtweise wird als typisch männlich decouvriert und kritisiert. Das weiblich konnotierte moralische Prinzip der Fürsorge soll in den Vordergrund gerückt werden und Gerechtigkeit zwar nicht ersetzen, aber doch anreichern und ergänzen (Gilligan 1982; vgl. Nagl-Docekal / Pauer-Studer 1993).

Eine ganz andere Perspektive bietet die feministische *Theorie von Dominanz und Unterdrückung* (MacKinnon 1989). Weiblichkeit erscheint hier als Ergebnis deformierender Zurichtung; weibliche Werte sind reine Überlebensstrategien in einer von männlicher (sexueller) Gewalt durchzogenen Welt; Frau sein bedeutet zunächst vor allem ein Enteignetsein vom eigenen Körper. Gefordert wird daher eine radikale Umgestaltung der Welt, um der Verdinglichung von Frauen ein Ende zu bereiten. Da diese Verdinglichung in fundamentaler Weise im Bereich des Sexuellen stattfindet, plädiert dieser Ansatz jedenfalls dafür, Pornographie und Sexarbeit als sexualisierte Ungleichheitsverhältnisse aus der Welt zu schaffen.

Aktuelle *intersektionelle Theorien* (Klinger/Knapp 2007) machen darauf aufmerksam, dass die Entgegensetzung von männlicher Macht und weiblicher Ohnmacht zu schlicht ist und die Realität komplexer Ungleichheitsverhältnisse nicht zu erfassen vermag. Wir befinden uns alle an der Schnittstelle verschiedener Subjektpositionen, die von unseren Gruppenzugehörigkeiten ausgehen. Dazu gehören Charakteristika und Einbettungen wie ethnische Herkunft und Verwandtschaft, Alter und körperliche Fähigkeiten, Kultur, Sprache und Religion, die soziale und politische Position. Entsprechende Gruppenunterschiede verlaufen in vielfältiger Weise quer durch die jeweiligen Lebenslagen. Ein und dieselbe Person kann je nach Situation Privilegierung oder Unterdrückung erfahren (Young 2007, 429). Die These des Zusammenwirkens diverser Achsen der Unterdrückung ist zentral für ein angemessen komplexes Verständnis der Geschlechtergerechtigkeit. Geschlecht ist ein wesentliches strukturierendes Merkmal, das für Frauen aufgrund spezifischer Rollenvorstellungen mit Nachteilen verbunden ist. Diese Rollenvorstellungen sind zwar je nach sozialem, kulturellem oder auch religiösem Zusammenhang sehr unterschiedlich. Sie gleichen sich allerdings (immer noch) darin, dass Frauen bestimmte Funktionen zukommen sollen und dass an sie andere Anforderungen gerichtet werden als an Männer.

Als weitere Verkomplizierung kommt hinzu, dass neuere Erkenntnisse der Geschlechtertheorien auch das körperliche Geschlecht in Frage stellen. Transgender Lebensweisen und intersexuelle Körperkonfigurationen werden von der herrschenden Ordnung vorwiegend als problematische Abweichungen von Normen angesehen, die als selbstverständlich erachtet werden. Geschlecht existiert aber nicht einfach, sondern ist ein Prozess individueller Identifikationen in Auseinandersetzung mit der Vieldeutigkeit der eigenen Körperlichkeit (Holzleithner 2009). Eine solche Perspektive kann Anlass für eine kritische Reflexion gängiger Vorstellungen von Weiblichkeit und Männlichkeit sein. Sie sollte einer Gesellschaft den Weg bereiten, die einer großen Variationsbreite von Geschlechterdarstellungen gerecht wird (Butler 2004).

Gerechtigkeit durch Gleichstellung

Frauen haben heute jedenfalls in liberalen Rechts- und Verfassungsstaaten formal die gleichen grundlegenden Rechte. Das betrifft die Partizipation im politischen Diskurs ebenso wie die Teilhabe am Arbeitsmarkt und in anderen Bereichen des öffentlichen Lebens. Aus historischer Perspektive und auch bei einem Blick auf die Staaten der Welt ist das nicht selbstverständlich, sondern stellt eine hart erworbene Errungenschaft dar. Allerdings schlagen sich formal gleiche Partizipationsrechte nicht in gleicher Beteiligung bei der Gestaltung des politischen Willens nieder. Das Nämliche gilt für die Situation von Frauen am Arbeitsmarkt. Im Folgenden werden jene Strategien skizziert, die dazu dienen sollen, solche Ungerechtigkeiten im Geschlechterverhältnis abzubauen.

Jeder Mensch hat das *individuelle Recht*, nicht diskriminiert zu werden. Eine Diskriminierung aufgrund des Geschlechts liegt vor, wenn eine Person nur deshalb benachteiligt wird, weil sie einem Geschlecht angehört. Eine solche Diskriminierung kann unmittelbar sein oder auch mittelbar; Letzteres ist dann der Fall, wenn dem Anschein nach neutrale Vorschriften sich auf Personen eines Geschlechts benachteiligend auswirken. Ein Beispiel dafür wären etwa Bestimmungen, die Teilzeitarbeitskräfte schlechter stellen. Frauen sind von solchen Regelungen typischerweise überproportional betroffen, weil sie viel häufiger Teilzeitarbeitsplätze innehaben als Männer.

Eine besondere Herausforderung stellen Situationen der *Mehrfachdiskriminierung* (etwa aufgrund des Geschlechts und der ethnischen Herkunft) bzw. der Benachteiligung aufgrund des Zusammenwirkens mehrerer Diskriminierungsfaktoren (*intersektionelle* Diskriminierung; Crenshaw 1989) dar. Ein Beispiel könnte wie folgt aussehen: Ein Unternehmen beschäftigt sowohl „Frauen" als auch „Muslime", nicht aber muslimische Frauen, die ein Kopftuch tragen. Nun könnte das Unternehmen versuchen, die Nichtanstellung mit dem Hinweis darauf zu rechtfertigen, dass keine einer relevanten Kategorie angehörige Person („weiblich", „muslimisch") diskriminiert wurde; „muslimische Frauen, die ein Kopftuch tragen", seien keine eigene geschützte Gruppe. Die Beschäftigung von Frauen beweise, dass man kein sexistisches Vorurteil habe, und die Beschäftigung von Muslimen beweise, dass man auch nicht aus religiösen Gründen diskriminiere. Eine derartige Argumentation führt den Gedanken der Nichtdiskriminierung ad absurdum. Der diskriminierende Charakter einer Situation kann nicht dadurch aufgehoben werden, dass er sich nur als Kombination von Charakteristika realisiert und damit eine Untergruppe von Personen zu erzeugen scheint, die nicht ausdrücklich erfasst wird (Holzleithner 2008b).

Neben der Antidiskriminierung bedarf es anderer, weiterführender Maßnahmen. Sie sollen jene Hürden aus dem Weg räumen, die eine von diskriminierenden Strukturen durchzogene Gesellschaft aufstellt, deren Mechanismen im Einzelnen schwer fassbar sind (Rössler 1993a, 8). Es gibt verschiedene Mittel, dagegen vorzugehen: von Mentoring-Programmen über spezielle Trainingsprogramme für Frauen oder Angehörige von anderen benachteiligten Gruppen. Häufig wird auch die Zurverfügungstellung von Kindergartenplätzen als Maßnahme der Frauenförderung definiert. Darüber hinaus gibt es *Quotenregelungen*, nach denen Angehörige unterrepräsentierter Gruppen vorrangig berücksichtigt werden dürfen. Sie sollen bis zum Erreichen einer bestimmten Quote gesetzt werden, um eine ausgewogene Verteilung gesellschaftlich hoch bewerteter Ämter und Positionen, aber auch anderer Ressourcen zu erreichen. Bekannt sind vor allem Regeln, wonach den Mitgliedern benachteiligter Gruppen in der Konkurrenz um Arbeitsstellen oder Ausbildungsplätze bei gleicher oder hinreichender Qualifikation der Vorrang eingeräumt werden soll. Verbreitet sind Quoten auch im Rahmen demokratischer Repräsentation. Solche Quoten können „starr" sein – etwa in Form eines „Reißverschlusssystems" – oder als bloße Zielvorstellungen figurieren.

Quotierte Vorrangregeln werden im Licht der Frage nach der Gleichheit im Allgemeinen und der Chancengleichheit im Besonderen diskutiert. Quotierung bringt eine an Ergebnissen orientierte Perspektive ein, die Gleichheit bzw. eine ausgewogene Repräsentation anstrebt. Als Grundfrage gilt in der Gerechtigkeitsdebatte, ob es zulässig ist, dass ein Kriterium wie das Geschlecht, die Herkunft oder die Hautfarbe zur vorrangigen Berücksichtigung bei der Verteilung knapper Güter führen kann (Nagel 1973). Prinzipiell ist daran zu erinnern, dass eine differenzierende Behandlung nicht unzulässig ist. Allerdings ist die Relevanz des jeweiligen Kriteriums zu begründen. Im Fall der Quotierung wird auf das Vorliegen einer im Einzelfall oft schwer fassbaren, diskriminierenden Struktur verwiesen, durch welche das marginalisierende Merkmal in Entscheidungen gleichsam automatisch einfließt. Quotierung macht dies explizit und kehrt das Verhältnis um – das vormals nachteilige Kriterium wird zum Vorteil. Wie kann dies begründet werden?

Eine Theorie, der *Kompensationsansatz* (Thomson 1973), geht davon aus, dass die Gesellschaft durch diskriminierende Gesetze, Haltungen und Handlungen den davon betroffenen Gruppen Unrecht zugefügt hat und für dieses Unrecht Kompensation zu leisten hat. Solche Kompensation könne in Form der vorrangigen Berücksichtigung einzelner Mitglieder der betroffenen Gruppen auf dem Arbeitsmarkt stattfinden. Rechte würden durch solche Maßnahmen nicht verletzt, weil niemand ein Recht auf einen bestimmten Arbeitsplatz habe und der Anspruch eines Mitglieds einer diskriminierten Gruppe auf einen gesellschaftlichen Vorteil, wie dies ein Arbeitsplatz ist, eben höher sei.

Kritisch wird gegen den Kompensationsansatz vorgebracht (Fullinwider 1986), dass die Last der Kompensation vorwiegend jenen auferlegt wird, die selbst nicht für vergangene Diskriminierung verantwortlich gemacht werden können: jenen jungen weißen Männern, die mit Mitgliedern von (vormals) diskriminierten Gruppen um die begehrten Positionen konkurrieren. Dass sie vom Unrecht der Diskriminierung profitiert hätten, reiche nicht aus, um sie ihres Rechts auf formale Chancengleichheit zu berauben. Der Fokus des *Chancengleichheitsansatzes* ist daher auf die Zukunft gerichtet. Die Quote soll als „Brecheisen" (Somek 1997, 258) dienen, mit dessen Hilfe aktuelle Vorurteilsstrukturen aufgebrochen werden. In einer Übergangszeit wird das an sich irrelevante Kriterium wie das Geschlecht oder die ethnische Herkunft berücksichtigt, um in Hinkunft die unparteiliche Anwendung für die in diesem Bereich relevanten Kriterien zu sichern (Fullinwider 1986).

Auch gegen die Chancengleichheitsargumentation wird kritisch vorgebracht, sie nehme die Rechte der „Quotenverlierer" nicht ernst. Dem begegnet Ronald Dworkin (1977) mit dem Hinweis, dass das grundlegende Recht jeder Person auf gleiche Achtung und Rücksichtnahme nicht notwendigerweise ein Recht auf formal gleiche Behandlung impliziert. Wenn ungleich behandelt wird, dann dürfe nicht zum Ausdruck gebracht werden, dass die davon Betroffenen geringer geachtet und berücksichtigt werden; ungleiche Behandlung dürfe sich nicht in ein System der Benachteiligung einfügen. Deshalb sind für

Dworkin auch Quotenregelungen legitim, denn sie fügen sich nicht in ein System der Diskriminierung weißer Männer ein. Sie dienen bloß dazu, (Start-)Nachteile auszugleichen, die Mitglieder diskriminierter Gruppen erleiden, und sie greifen an wenigen Punkten unter streng definierten Auflagen.

Auch auf Vielfalt wird rekurriert, um Quotierungsmaßnahmen zu begründen (Bergman 1996): Einerseits wird sie als Wert an sich angesehen. Andererseits wird ihr eine instrumentelle Rolle beigemessen, indem *Vielfalt* zur Steigerung der Qualität der Ausbildung oder von Entscheidungen führe. Demokratiepolitisch wird argumentiert, dass Angehörige der verschiedenen gesellschaftlichen Gruppen in Repräsentationsorganen vertreten sein müssen, damit die speziellen Probleme und Bedürfnisse aller Gruppen in angemessener Weise wahrgenommen werden. Das gilt freilich nicht nur für marginalisierte Gruppen. Vielfalt verteilt Macht und verhindert die Anhäufung von Einfluss und Privilegien bei uniformen Eliten.

Ganz grundsätzlich wird bisweilen moniert, dass Quotierung nichts an der hierarchisierenden Verteilung von Macht, Reichtum und Privilegien ändert, dass sie also nicht weit genug geht (Nagel 1973). Es sei fragwürdig, Kompensation oder Gleichheit davon abhängig zu machen, dass jemand im Wettbewerb auf dem Markt reüssiert. Die damit verbundene Ungerechtigkeit werde durch Quotierung nicht adressiert; sie würde im Gegenteil gerade dazu dienen, die herrschende Gesellschaftsstruktur zu verschleiern, indem suggeriert wird, jede Person könne an bestimmten Privilegien partizipieren, wenn sie sich nur hinreichend anstrenge. Andererseits wird Quotierung, wenn sie greift, sehr wohl eine egalisierende Tendenz zugeschrieben, indem sich die mit bestimmten Positionen verbundenen Privilegien durch die Partizipation bislang davon Ausgeschlossener vermindern (Somek 1997).

Der neueste Zugang zur Geschlechtergleichstellung, das *Gender-Mainstreaming,* ist eine Methode der Politikgestaltung. Sie sieht vor, dass bei jeder politischen Maßnahme vorab zu überprüfen ist, ob sie die Geschlechtergerechtigkeit eher befördert oder ihr abträglich ist. Dies wird auf verschiedenen Ebenen analysiert, wie der geschlechtsspezifischen Verteilung von Ressourcen, den in Institutionen realisierten Normen und Werten, der Repräsentation oder den rechtlichen Regelungen. Die Idee besteht darin, dass jene, welche die Entscheidungsmacht haben, auch für die Erzielung von Geschlechtergerechtigkeit verantwortlich sind und diese Aufgabe nicht in untergeordnete Gremien oder Frauenförderstellen auslagern dürfen. Die Verantwortung liegt demnach „bei der Spitze" (Doblhofer / Küng 2008, 34).

Gender-Mainstreaming bedeutet nun nicht, dass man die Geschlechterperspektive bei der Konzeption von politischen Maßnahmen einfach addieren könnte. Denn wenn das Geschlecht berücksichtigt wird, verändert sich auch die Problematik als solche. Damit in Zusammenhang steht die Erkenntnis, dass jene Sicht der Dinge, die als „normal" erscheint, oftmals geschlechtsspezifisch ist. Ebenfalls zur Komplexität trägt bei, dass man im Rahmen des Gender-Mainstreaming nicht von homogenen Gruppen ausgehen kann, sondern die Unterschiede innerhalb der Gruppen berücksichtigen muss. Das bedeutet, die Analyse setzt beim Geschlecht an – sie darf aber auch nicht dabei stehen bleiben. Wenn klar wird, dass Männer auch „Frauenprobleme" haben können, sind politisch Verantwortliche vielleicht eher geneigt, nach gemeinsamen Lösungen für das dann als allgemein identifizierte Problem zu suchen.

Ein klassisches Beispiel ist die „Vereinbarkeitsproblematik". Die Vereinbarkeit von Arbeits- und Privatleben ist für Menschen, die für andere sorgen, ein großes Thema. Überwiegend sind davon Frauen betroffen. Die Probleme, die damit verbunden sind, sollen nun nicht als „Frauenprobleme" als marginal auf die Seite geschoben werden dürfen, weil sie das allgemeine Problem der Vereinbarkeit und des Verhältnisses zwischen Verantwortlichen und Abhängigen darstellen. Sie aber ausschließlich als allgemeine Probleme zu beschreiben, wäre wiederum „genderblind". Darüber hinaus muss man sich dessen bewusst sein, dass genderspezifische Probleme sich in verschiedenen Kontexten unterschiedlich realisieren. Die Vereinbarkeitsproblematik einer Managerin in einem Großkonzern stellt sich anders dar als jene einer Reinigungskraft mit Migrationshintergrund.

Gender-Mainstreaming ist eine Strategie, die mit dem Mittel der positiven Verstärkung arbeitet. Die Umstellung auf eine Politik, die für Geschlechtergerechtigkeit sensibel ist, wird als Gestaltungschance propagiert. Der Einsatz für Geschlechtergleichstellung ist nicht nur gerecht, sondern vor allem nützlich, effizient und vollkommen im Einklang mit der Logik modernen Wirtschaftens. Demgegenüber ist es eben ineffizient zu diskriminieren oder die Geschlechterdimension nicht zu berücksichtigen. Hier haben wir es mit einem Beispiel dafür zu tun, wie die List der instrumentellen Vernunft zu mehr Gerechtigkeit führen soll.

Die nämliche Logik liegt dem in den USA seit den 1960er Jahren verbreiteten und zunehmend auch in Europa populären *Diversity Management* zugrunde. Von einem Gender-Mainstreaming, das sich der vielfältigen Unterschiede innerhalb der Gruppen von Männern und Frauen bewusst ist, ist es zum Diversity Management nur ein kleiner Schritt. Diversity Management ist insofern breiter, als es immer schon um diverse strukturell benachteiligte Gruppen geht, deren Situation im Bereich von Unternehmen verbessert werden soll. Im Diversity Management werden unterschiedliche Ansätze vertreten, die allesamt davon ausgehen, dass rechtliche Maßnahmen allein nicht genug sind, um effektive Gleichstellungspolitik zu betreiben. Es bedarf vielmehr einer Änderung der Haltungen – und dadurch der Handlungen –, um einerseits eine höhere Repräsentation von Angehörigen benachteiligter Gruppen zu erreichen und andererseits das Klima in einem Unternehmen derart zu verändern, dass Vorurteile abgebaut und die Arbeitsatmosphäre verbessert wird. Als eine Grundvoraussetzung für eine solche Haltungsänderung gilt die Einsicht, dass Diversität keine Belastung darstellt, sondern vielmehr dem Unternehmen und seinen Zielen nützt.

Gender-Mainstreaming wie Diversity Management leiden beide an einem Zentralproblem des Utilitarismus: Wenn sich herausstellen sollte, oder wenn einige nur lautstark und daher erfolgreich behaupten, dass diese Ansätze nichts nützen, dann werden jene Maßnahmen, die zur Gerechtigkeit führen sollen, nicht vorangetrieben. Deutlich geworden sollte aber jedenfalls sein, dass es einer Vielfalt von Strategien bedarf, um das gerechte Ziel zu verfolgen.

5

Recht und Gerechtigkeit

Gerechtigkeit ist ein Maßstab für die Gestaltung von Recht. Sie hat aber noch eine vorgängige Funktion: Gerechtigkeit dient als Prinzip der Legitimation von Recht und Staat als solchen. Zunächst werden historische Theorien skizziert, die sich mit dieser Thematik befassen. Im Lauf der Zeit haben sich mit Blick darauf bestimmte Konstanten herausgebildet: Prinzipien wie Menschenrechte, Demokratie und Rechtsstaatlichkeit sind für die Legitimierbarkeit von staatlichen Herrschaftsverhältnissen unerlässlich geworden. Sie dienen als Kriterien dafür, ob eine Rechtsordnung, aber auch einzelne Normen als gerecht bezeichnet werden können. Welche Rolle dies spielt, ist freilich umstritten. Der Rechtspositivismus etwa besteht auf einer strikten Trennung von Recht und Gerechtigkeit. Brisant wird dies dann, wenn Rechtsnormen schwerstes Unrecht anordnen. Schlussendlich ist noch zu untersuchen, welche Rolle Gerechtigkeit bei der Rechtsanwendung spielt und was es mit der Strafgerechtigkeit auf sich hat.

Geschichtliche Perspektiven

Die Frage nach dem Stellenwert der Gerechtigkeit für das Recht ist ebenso alt wie das Recht selbst. Gerechtigkeit ist das, was eine Rechtsordnung davor bewahren soll, bloßes Instrument brutaler Machtausübung zu sein. Dieser Gedanke steckt in der berühmten Formulierung des Augustinus (354–430): „Was anders sind also Reiche, wenn ihnen Gerechtigkeit fehlt, als große Räuberbanden?" (Augustinus, Gottesstaat, 173). In der Tradition des christlichen Naturrechts ist es selbstverständlich, die Rechtsordnung an Gottes Gebote und damit an Vorgaben einer gerechten Ordnung zu binden. Im Hochmittelalter verpflichtet Thomas von Aquin das menschliche Recht (*lex humana*) darauf, die Prinzipien des ewigen, göttlichen Rechts (*lex aeterna*) zu beachten, an dem die Menschen kraft ihrer Vernunft in der *lex naturalis* teilhaben. Die *lex naturalis* enthält „die schlechthin allgemeinsten ‚Grundsätze‘ sittlichen Wissens" (Maier 2002, 294); sie sind dem menschlichen Streben zweckhaft vorgegeben. Stimmt das positive Recht mit diesen Vorgaben nicht überein und verweigert es sich derart seiner Verpflichtung auf das Gute, so soll es auch nicht als Recht gelten.

Eine bedeutsame Zäsur im europäischen Rechtsdenken stellt die frühe Neuzeit dar. Zu dieser Zeit zerbricht die äußerliche Einheit des Christentums im Gefolge der Religionskriege, und es muss ein neuer Friede gefunden werden, der nicht auf der einen göttlichen Wahrheit basieren kann. Ein solcher „politischer Friede" (Böckenförde 1976, 51) beruht darauf, dass ein Souverän es versteht, die Bevölkerung kraft seiner Machtvollkommenheit auf seine Befehle zu verpflichten, die als Gesetze gelten. Um der Einheit des politischen Gebildes willen wird dabei auch in Kauf genommen, dass Teile der Bevölkerung einer anderen Religion oder Konfession anhängen als der Souverän selbst; der Souverän übt Toleranz und eröffnet damit für Andersgläubige einen Freiraum, der allerdings jederzeit wieder zurückgenommen werden kann. Religiöse Toleranz ist Ausdruck einer gewissen Säkularisierung, einer Trennung von Religion und Politik, ebenso wie sie den Kern eines ganz zentralen Grundrechts darstellt: der Religions- und Gewissensfreiheit.

Im Zeichen der Friedenssicherung in einer von blutigen Bürgerkriegen gebeutelten Situation tritt die Frage nach der Gerechtigkeit in den Hintergrund. „Im Bürgerkrieg erlebt man geradezu handgreiflich, warum es die politischen Grundinstitutionen braucht" (Höffe 2002, 23). In der verzweifelten Situation der Friedlosigkeit sollen sie die Ordnung der Gesellschaft wiederherstellen und zumindest einen Modus Vivendi im Sinne eines erträglichen Nebeneinanders ermöglichen. Die politische Philosophie dieser Zeit spiegelt ihre Nöte wider und findet ganz neue Wege, um Recht und Staat zu begründen. Jean Bodin (1529–1596) postuliert die Unteilbarkeit staatlicher Souveränität (Bodin 1576) und formuliert damit einen Grundbegriff des modernen Staatsverständnisses, der bis heute prägend ist und dessen Regime erst im Zuge der Globalisierung zunehmend ins Wanken gerät (Lutz-Bachmann 1999).

Einen epochemachenden Weg zur Begründung von Recht und Staat schlägt Thomas Hobbes ein. In seinem berühmten Werk „Leviathan" (1651) entwickelt er mit dem *Naturzustand* ein Gedankenexperiment, mit dem er zeigen will, was passiert, wenn es Recht und Staat nicht gibt und dem menschlichen Handeln überhaupt keine Schranken gesetzt sind. Hobbes charakterisiert die Menschen als Wesen mit zwei Trieben: dem Streben nach Selbsterhaltung und dem Verlangen nach Glück. Im Naturzustand werden sie bei ihren Versuchen, beide Triebe zu befriedigen, in keiner Weise gebändigt: Sie haben ein „Recht auf alles". Ihre Freiheit ist grenzenlos gedacht: als bloße Willkür. Entsprechend unkontrolliert ist der Versuch aller, auf jene knappen Güter zuzugreifen, die sie zur Bedürfnisbefriedigung benötigen. Dem daraus resultierenden Kriegszustand – einem „Krieg aller gegen alle" („bellum omnium contra omnes") – kann sich niemand entziehen. Das Recht auf alles wird darum zum „Recht auf nichts". Wie kann man einer derart dramatischen Situation entrinnen? Für Hobbes besteht die einzige Lösung darin, dass die Menschen sich einmütig einem Souverän unterwerfen, den sie in einem gemeinsamen Willensakt – einem *Gesellschaftsvertrag* – dazu ermächtigen, die Herrschaft im Staat zu übernehmen. Alle müssen ihre natürliche Freiheit aufgeben; gegen den Souverän haben sie keine Rechte. Angesichts des Grauens des Naturzustandes liegt dies freilich in ihrem wohlerwogenen Selbstinteresse, das allein die Grundlage für die Staatslegitimation ist (Kersting 1996).

Ganz anders stellt sich die analog strukturierte Konzeption von Naturzustand und Gesellschaftsvertrag bei einem weiteren Vordenker des Vernunftrechts dar, nämlich bei John Locke (1632–1704). Locke spricht den Menschen bereits im Naturzustand grundlegende Rechte zu, die sie wechselseitig achten sollen: auf Leben, Freiheit und Eigentum (Locke 1690). Die Menschen kennen diese Rechte, allerdings gelingt es ihnen nicht, im Einklang damit zu leben: Parteilichkeit und Leidenschaft hindern sie daran, das Gesetz der Natur adäquat durchzusetzen. Der Konfliktzustand, der dadurch entsteht – und der durch jene sich vergrößernden sozialen Ungleichheiten verstärkt wird, die Folge der Einführung des Geldes sind –, wird auch bei Locke durch einen Gesellschaftsvertrag beendet, der sich aber deutlich von jenem bei Hobbes unterscheidet: Denn die Menschen behalten ihre grundlegenden Rechte, auch gegenüber dem Staat. Diesem kommt die Aufgabe zu, die Rechte institutionell umzusetzen. Wenn er das nicht zu leisten vermag, dann hat die Bevölkerung ein *Recht auf Widerstand*. Dieses Recht ist Lockes Antwort auf die Problematik ungerechter Herrschaft. Mit diesem Gedanken und damit, dass die gesamte Staatskonzeption ganz prinzipiell dem Schutz grundlegender Rechte gewidmet ist, wird Locke zu einem entscheidenden Vordenker der *Menschenrechte* als wesentlichem Bestandteil gerechter Herrschaft.

Von besonderer Bedeutung im Zusammenhang einer philosophischen Begründung der Menschenrechte ist das Werk von Immanuel Kant. Er konzentriert die Aufgabe von Recht und Staat darauf, menschlichem Freiheitshandeln einen Rahmen zu geben. So lautet seine Definition des Rechts, es handle sich dabei um den „Inbegriff der Bedingungen, unter denen die Willkür des einen mit der Willkür des andern nach einem allgemeinen Gesetz der Freiheit zusammen vereinigt werden kann" (Kant 1785/86, 337). Jedem Menschen kommt das Recht auf Freiheit im Sinne einer verantworteten Selbstbestimmung zu; das Recht steht unter dem Anspruch, „auch in den Sphären des vom Recht erfassbaren ‚äußeren' Freiheitshandelns jeden Menschen als Subjekt verantworteter Freiheit anzuerkennen und solcherart in seiner Würde als Person zu respektieren" (Luf 2008, 284).

Dieses eine Recht auf Freiheit hat Kant selbst nicht in einzelne Menschenrechte und Grundfreiheiten ausdifferenziert; um ihm Wirklichkeit zu verschaffen, ist dies freilich notwendig und bei Kant auch systematisch angelegt. Kant mutet der Freiheitsidee eine vermittelnde Aufgabe zu, indem er die Gesetzgebung an eine regulative Idee bindet, die zwar „eine bloße Idee der Vernunft" sei, der aber „ihre unbezweifelt praktische Realität" zukomme: „nämlich jeden Gesetzgeber zu verbinden, dass er seine Gesetze so gebe, als sie aus dem vereinigten Willen eines ganzen Volks haben entspringen können, und jeden Untertan, so fern er Bürger sein will, so anzusehen, als ob er zu einem solchen Willen mit zusammen gestimmt habe. Denn das ist der Probierstein der Rechtmäßigkeit eines jeden öffentlichen Gesetzes" (Kant 1793, 153). Sollte sich der Gesetzgeber nicht daran halten, sieht Kant im Unterschied zu Locke aber kein Widerstandsrecht vor. Zu sehr steckt ihm seit dem Abgleiten der Französischen Revolution in den „terreur" die Angst vor brutaler Gesetzlosigkeit in den Knochen. Dem Volk kommt bloß die Freiheit der Feder zu, das „einzige Palladium der Volksrechte" (Kant 1793, 161).

Mit der hier angesprochenen Meinungsfreiheit findet sich bei Kant eine jener Grundfreiheiten, die zum Zentralbestand der modernen Menschenrechte gehören. Bekanntlich waren es die Amerikanische und die Französische Revolution, in deren Zuge bahnbrechende Rechteerklärungen proklamiert wurden: die „Virginia Bill of Rights" (1776) und die „Déclaration des Droits de L'Homme et du Citoyen" (1789). Beide Rechteerklärungen konnten sich auf vernunftrechtliche Grundlagen wie die Theorien von Locke und Rousseau stützen. Inhaltlich fällt auf, dass bereits die ersten Menschenrechtserklärungen nicht nur liberale Grundrechte postulieren, etwa die klassischen Rechte auf Leben, Freiheit, Eigentum und Sicherheit. Vielmehr werden von Anfang an auch politische Rechte proklamiert, die das Prinzip der Volkssouveränität zum Ausdruck bringen: Die Gesetze sollen Ausdruck des allgemeinen Willens sein; jeder Bürger soll daher persönlich oder vertreten durch Repräsentanten an seiner Gestaltung mitwirken können.

Das Vernunftrecht und die Menschenrechtserklärungen, die so kraftvoll Freiheit und Gleichheit zelebrierten, lösten allerdings die eigenen Ansprüche nicht vollumfänglich ein: Sie standen im Bann von Vorurteilen mit Blick auf Geschlecht, Hautfarbe, soziale und ökonomische Situation und reservierten den Status des politisch berechtigten Bürgers für weiße Männer, die über ein gewisses Maß an Eigentum verfügten. Insoweit war die Gerechtigkeit mehr als halbiert. Dies wurde bereits zu seiner Zeit kritisiert: Die französische Revolutionärin Olympe de Gouges (1748–1793) verfasste gar eine Gegenerklärung, die „Déclaration des droits de la femme et de la citoyenne" (1791). Sie büßte diese Fürwitzigkeit mit dem Tod auf dem Schafott (Burmeister 1999, 8). In der französischen Verfassung von 1793 wurden Frauen – und Menschen dunkler Hautfarbe – als Mängelwesen („hommes manqués") aus dem Kreis der politisch Berechtigten ausgeschlossen; in den USA war die Sklaverei eine verbreitete Praxis. Ändern sollte sich diese Situation erst im Lauf des späten 19. und frühen 20. Jahrhunderts.

Man darf sich nun nicht vorstellen, dass die in den Rechteerklärungen enthaltenen Menschen- und Bürgerrechte auf der Stelle wirksam geworden wären. Vielmehr galten sie zunächst als Prinzipien vernünftiger Staatsgestaltung, als praktische Vernunftideen, die die Gestaltung der Gesetze anleiten und so die Legitimität von Staat und Recht gewährleisten sollten. Grundrechtserklärungen wurden zum genuinen Bestandteil jener Verfassungen, die im Zuge der Konstitutionalisierung Europas und der Vereinigten Staaten, häufig angestoßen von revolutionären Prozessen, erstellt wurden: einerseits, um den Staat zu organisieren, andererseits, um Rechte zu sichern. Durch die Einrichtung richterlicher Überprüfungsrechte wurden aus diesen Prinzipien verfassungsgemäß gewährleistete Rechte, welche einzelne Bürgerinnen und Bürger dem Staat gegenüber geltend machen können. Und nicht nur einzelne Übergriffe des Staates, auch Gesetze selbst müssen sich zunehmend am Maßstab der Grundrechte messen lassen

(Stourzh 1989, 165). Damit wurde ein bis heute gültiger Standard hergestellt.

Rechtspositivismus: Trennung von Recht und Gerechtigkeit

Ende des 19. Jahrhunderts verliert das Naturrechtsdenken zunehmend an Glanz, und mit dem technischen Zeitalter kommt eine Rechtstheorie auf, die nicht mehr versucht, das Recht an Prinzipien der Gerechtigkeit zu messen: der Rechtspositivismus (Kelsen 1934, 31). Grundlage für die darin postulierte These der Trennung von Recht und Gerechtigkeit ist eine ausgesprochene Skepsis mit Blick auf die Frage, was Gerechtigkeitsüberlegungen zu leisten vermögen: „Weil es unmöglich ist, festzustellen, was gerecht ist, muss man festsetzen, was rechtens sein soll. An Stelle eines Aktes der Wahrheit, welcher unmöglich ist, wird ein Akt der Autorität notwendig" (Radbruch 1934, 300). Recht ist bloß die Summe der von Menschen für Menschen in einer bestimmten Weise erlassenen Normen zur Verhaltenssteuerung.

Allerdings wollen sich Vertreter eines avancierten Rechtspositivismus auch nicht mit einem Verweis auf die blanke Macht zufriedengeben. Recht gilt nicht einfach, weil ein Souverän es vermag, ein Volk in die Knie zu zwingen und durch Drohungen zur Rechtsbefolgung zu dressieren (Austin 1832). Rechtspositivistische Theorien möchten die Rechtsgeltung vielmehr normativ begründen. Hans Kelsen (1881 bis 1973) und H. L. A. Hart (1907–1992) versuchen dies auf unterschiedliche Art: Hart (1961) postuliert eine „Rule of Recognition", während Kelsen (1934, 76) die Geltung des Rechts auf die „Grundnorm" stützt; ihr Inhalt besteht schlicht darin, dass „dasjenige, was das historisch erste verfassunggebende Organ als seinen Willen geäußert hat, als Norm zu gelten habe". Die Grundnorm hat bloß die Funktion, „der höchsten positivrechtlichen Norm die auf positivrechtliche Weise nicht mehr zu vermittelnde Geltung erkenntnishalber zu ‚attestieren'" (Jestaedt 2008, XLIII).

Derart soll auch eine vollständige Trennung des Rechts von der Gerechtigkeit vollzogen werden. Es ist Kelsens (1960, 313) erklärte Absicht, damit die Anmaßungen eines Naturrechts abzuwehren, das die Geltung des positiven Rechts davon abhängig machen will, dass es einem „absoluten Gerechtigkeitswert" entspricht. Gerechtigkeitsnormen haben laut Kelsen die eingeschränkte Aufgabe, den Prozess der Rechtsgestaltung anzuleiten. Demnach lehnt er die rechtspolitische Forderung, dass Recht gerecht sein soll, nicht ab, aber die gerechtigkeitstheoretische Beurteilung betrifft allein den Akt der Setzung einer Norm und nicht die Rechtsnorm selbst (Kelsen 1960, 314). Ihre Geltung kann mit einer etwaigen Qualifikation als ungerecht nicht ausgehebelt werden.

Kurz zusammengefasst gilt für den Rechtspositivismus, dass jedes menschliche Verhalten Gegenstand von rechtlicher Regelung sein kann; Gerechtigkeit ist relativ, absolute Werte sind nicht zu erkennen, somit ist deren Anlegen an rechtliche Vorschriften eine ideologische Anmaßung. Eine solch radikale wertrelativistische Haltung erscheint indes zumindest unhistorisch. Recht existiert nicht im luftleeren Raum; es gibt vielmehr, um an dieser Stelle wieder mit Rawls (1971) zu sprechen, aus leidvoller Erfahrung bestimmte „Fixpunkte" in unseren Urteilen: Dazu zählt die Einsicht, dass Sklaverei und Leibeigenschaft, religiöse Verfolgung und Rassismus, Unterdrückung aufgrund der Klasse oder des Geschlechts ebenso wie Folter und Grausamkeit falsch sind. Darüber hinaus kann auf eine Reihe von Menschenrechtserklärungen verwiesen werden, die von der großen Mehrheit der heute existierenden Staaten anerkannt wird – und die zumindest in ihrem Kern einen unhintergehbaren Standard schaffen. Im Folgenden wird entwickelt, welche Anforderungen sich daraus für die Legitimität des Rechts ergeben.

Normative Begründungen des liberal-demokratischen Rechtsstaats

Im Rahmen rechtsphilosophischer Erörterungen werden verschiedene Kriterien genannt, die die Herrschaft des Rechts legitimieren sollen. Als fundamental gilt ein Zusammenspiel folgender Elemente: die Aufgabe des Rechts, den Friedenszustand herzustellen und zu bewahren; Rechtsstaatlichkeit und Gewaltenteilung als Formen der Bändigung rechtlicher Macht, einerseits durch deren Bindung an die Gesetze, andererseits durch die Verteilung von Macht auf unterschiedliche Gewalten; schließlich das demokratische Zustandekommen des Rechts und seine Bindung an die Menschenrechte. Oder von der Negation her gesprochen: Wenn eine Ordnung die Gewährleistung von Grund- und Freiheitsrechten, die Ermöglichung demokratischer Partizipation oder

die Bändigung der Gewalten durch Rechtsstaatlichkeit und Gewaltenteilung nicht einmal anstrebt, dann ist ihre Legitimation äußerst fragwürdig, dann könnte man tatsächlich die These wagen, man hätte es
weniger mit einer rechtlichen Ordnung als mit einer Räuberbande zu
tun.

Sehen wir uns die einzelnen Elemente etwas näher an. Menschenrechte können als positive Rechtsordnungen legitimierend wie ihren
Inhalt limitierend angesehen werden. Sie sind völkerrechtlich und
innerstaatlich positiviert. Vom Standpunkt einer philosophischen
Theorie der Geltungsbegründung überschreiten sie allerdings diese
Positivierung und lassen sich nicht auf ihren juristischen Status reduzieren. Jede Begründung der Menschenrechte geht über das rechtlich
Positivierte hinaus. Kantisch inspiriert kann gesagt werden, dass sich
in den Menschenrechten die Anerkennung des Menschen als Subjekt
verantworteter Freiheit zeigt.

Diese ursprüngliche Anerkennung manifestiert sich in den Menschenrechten, sie wird in ihnen ausdifferenziert und auf konkrete Situationen angewendet, deren Relevanz sich daraus ergibt, dass sie eine
Antwort auf gravierende Verletzungen der Menschenwürde darstellen.
Man spricht daher auch vom „Antwortcharakter" der Menschenrechte,
indem sie versuchen, „exemplarische Unrechtserfahrungen" (Brugger
1992) aufzugreifen und ihnen hinkünftig entgegenzutreten. Daher ist
auch kein abgeschlossener Katalog von Menschenrechten möglich,
denn im Fortschreiten menschlicher Fähigkeiten und Fertigkeiten
entstehen immer neue Bedrohungsszenarien. Das zeigt sich anhand
moderner Methoden des Sammelns von Information und der Überwachung ebenso wie bei den Fortschritten der modernen Medizin und
Biologie. Mit dem Wissen, das hier angesammelt werden kann, und
den Eingriffsmöglichkeiten, die damit verbunden sind, ist unter Beachtung moderner Grundrechte, wie informationelle Selbstbestimmung
oder Patientenautonomie, möglichst schonend umzugehen. Entsprechende Regelungen sind im Rahmen der demokratischen Willensbil-
dung aufzustellen.

Die Idee des liberal-demokratischen Rechtsstaats besteht heute darin, angemessene Regelungen für die Herausforderungen des Zusammenlebens in pluralistischen, weitgehend marktwirtschaftlichen, von
Systemen der sozialen Sicherheit abgefederten und technologisierten
Gesellschaften zu finden. Der Gesetzgeber soll sich darum bemühen,
allgemein zustimmungsfähige Lösungen zu finden. Die Diskurstheorie

des Rechts formuliert das anspruchsvolle Kriterium, dass „genau die Regelungen Legitimität beanspruchen dürfen, denen alle möglicherweise Betroffenen als Teilnehmer an rationalen Diskursen zustimmen könnten" (Habermas 1996, 299f.). Das ist eine schöne Idee, an der sich Gesetzgeber orientieren sollten. Die demokratische Realität liegt aber eher im Bereich von Kompromissen, mit denen die verschiedenen Parteien leben können, und in Abstimmungsergebnissen, die von den unterliegenden Parteien akzeptiert werden.

Keine Rechtsordnung kann alle an sie gerichteten Anforderungen ohne Einschränkung erfüllen. Die genannten Legitimationskriterien – Friedenssicherung, Rechtsstaatlichkeit, Gewaltenteilung, Menschenrechte, Demokratie – sind so gesehen Anforderungen an die Rechtsordnung: Sie soll legitim sein, und die rechtlichen Institutionen sollen sich bemühen, diesen Anforderungen nachzukommen. Dann kann sich auch ein Vertrauen in diese Institutionen einstellen, deren Vertrauenswürdigkeit eben nicht selbstverständlich ist, sondern ein kostbares Gut. Es zu erringen, das ist eine permanente Aufgabe des Rechts und seiner Institutionen.

Umgang mit horrend ungerechtem Recht

Wenn wir nun davon ausgehen können, dass es anwendbare Maßstäbe für die gerechtigkeitstheoretische Beurteilung von Recht gibt – welche Konsequenzen könnten daran geknüpft werden, wenn einzelne Rechtsnormen oder gar ganze Rechtsordnungen als hochgradig ungerecht zu qualifizieren sind? Lockes Theorie des Vernunftrechts sieht für solche Fälle ein Widerstandsrecht vor. Aber ist das schon der Weisheit letzter Schluss? Eine radikale Zuspitzung erfuhr diese Problematik angesichts der grauenvollen Verbrechen des Nationalsozialismus. In Anbetracht der Tatsache, dass Unrechtsnormen wie die „Nürnberger Rassegesetze" in Gesetzesform erlassen wurden, stellte ein entsetzter Gustav Radbruch die Frage, ob man es hier überhaupt mit Recht zu tun habe – und verneinte sie. In einer berühmten Passage formulierte er: „Wenn Gesetze den Willen zur Gerechtigkeit bewusst verleugnen, z.B. Menschenrechte Menschen nach Willkür gewähren und versagen, dann fehlt diesen Gesetzen die Geltung, dann schuldet das Volk ihnen keinen Gehorsam, dann müssen auch die Juristen den Mut finden, ihnen den Rechtscharakter abzusprechen" (Radbruch 1945, 209).

Diese Ausführungen scheinen auf den Katastrophenfall eines aus allen Fugen geratenen Unrechtsregimes abzustellen. Allerdings erlebte die Radbruch'sche Formel in den 1990er Jahren in den Mauerschützenprozessen ein überraschendes Revival. Auf der Seite der ehemaligen DDR postierte Grenzsoldaten hatten laut Grenzgesetz die Aufgabe, die „Republikflucht" in die BRD nötigenfalls mit Waffengewalt zu verhindern. Dabei kam es immer wieder zum Schusswaffengebrauch; etliche Fluchtwillige mussten im Lauf der Zeit ihr Leben lassen. Im Regime der DDR wurden diese Tötungshandlungen als rechtskonform angesehen. Als es zur Wiedervereinigung Deutschlands kam, wurden die Mauerschützen mit einer völlig anderen rechtlichen Sichtweise der Dinge konfrontiert: Es wurde ihnen u. a. wegen Totschlags der Prozess gemacht. Die Soldaten verteidigten sich damit, dass sie nur Befehlen gehorcht hätten. Das deutsche Bundesverfassungsgericht (BVerfG 1996) ließ diese Argumentation aber nicht gelten: Die Soldaten hätten, wiewohl vom Grenzgesetz gedeckt, doch „schwerstes kriminelles Unrecht" begangen. Das hätten sie wissen können, und daher sollten sie auch für ihr Verhalten zur Verantwortung gezogen werden. Vor dem Hintergrund dieser Argumentation wurde jener Bestimmung des DDR-Grenzgesetzes, die die Schüsse gerechtfertigt hatte, rückwirkend die Geltung abgesprochen. Das BVerfG bezog sich dabei ausdrücklich auf Radbruch.

Diese Entscheidung löste heftige Diskussionen aus. Insbesondere wurde moniert, dass das BVerfG die absolute Geltung des strafrechtlichen Rückwirkungsverbots nicht hinreichend beachtet habe. Ihm wurde außerdem „Siegerjustiz" vorgeworfen und überdies, dass die Radbruch'sche Formel lediglich für den Katastrophenfall eines aus allen Fugen geratenen verbrecherischen Regimes anwendbar sei. Dem entgegneten andere unter Rekurs auf das BVerfG, dass auch die DDR Menschenrechtspakte unterschrieben hätte. An diesem höheren Standard sei zu messen, ob erkennbar schweres Unrecht vorliegt.

Welche Optionen bieten sich der Zivilgesellschaft im Umgang mit Normen oder politischen Maßnahmen, die als gravierend ungerecht erscheinen? In rechtsstaatlichen Demokratien gibt es ein breites Spektrum von Ausdrucksmöglichkeiten, z. B. die Artikulation von Protest als Ausdruck der Meinungsfreiheit, die Organisation in Vereinen und die Durchführung von Demonstrationen in Anspruchnahme der Versammlungsfreiheit. Bisweilen scheint das aber nicht genug zu sein, zumal dann, wenn politische Maßnahmen geplant sind, die eine hohe

Eingriffsintensität aufweisen: Darunter fallen insbesondere Projekte, die die Umwelt gefährden und grenzüberschreitende, generationenübergreifende und irreversible Folgen befürchten lassen, sowie Kriegshandlungen. Für solche Fälle wurde in den Vereinigten Staaten in den späten 1960er Jahren die Lehre vom *zivilen Ungehorsam* im Rechtsstaat entwickelt (Rawls 1971). Beim zivilen Ungehorsam handelt es sich um einen expliziten Verstoß gegen einzelne oder mehrere Rechtsnormen mit dem Ziel, eine Änderung des Rechts oder der staatlichen Politik herbeizuführen, wenn keine rechtskonformen Handlungsmöglichkeiten (mehr) existieren oder diese keine Aussicht auf Erfolg versprechen.

Die Rechtsnormen, gegen die dabei verstoßen wird, sind für gewöhnlich andere als die, gegen die man vorgeht. Beispiele wären etwa illegale Demonstrationen gegen den Bau von Atomkraftwerken oder von Wasserkraftwerken in Naturschutzgebieten, die Besetzung von Landebahnen als Protest gegen Fluglärm oder den weiteren Ausbau von Flughäfen, Verstöße gegen das Aufenthaltsrecht und das Asylrecht, indem einer Person, die nach den einschlägigen Normen ausgewiesen werden soll, Unterschlupf gewährt wird. Die Rechtswidrigkeit der ergriffenen Maßnahmen unterscheidet den zivilen Ungehorsam von einem legalen Protest im Rahmen der Grundrechte. Allerdings müssen solche Gesetzesverstöße im Kontext einer prinzipiellen Rechtstreue stattfinden, das Handeln muss gewaltlos sein – der allgemeine Rechtsfriede darf durch Aktionen des zivilen Ungehorsams nicht in schwerwiegender Weise gefährdet sein. Wer zivilen Ungehorsam übt, ist bereit, die Konsequenzen des eigenen Gesetzesbruchs in Kauf zu nehmen. Wenn man das Ziel, gerechtere Verhältnisse zu erreichen, ernsthaft verfolgt, dann gilt der zivile Ungehorsam als gerechtfertigt (Rawls 1971, 405).

Gerechtigkeit in der Rechtsanwendung

Zur Legitimität einer Rechtsordnung gehört das Bemühen, im Rahmen der Rechtsanwendung als Fall der unvollkommenen Verfahrensgerechtigkeit zu solchen Urteilen zu kommen, die allgemeine Zustimmung finden können. Zwar gilt ein Urteil nach dem kontinentaleuropäischen Rechtsverständnis nur für die an einem Verfahren unmittelbar beteiligten Parteien. Doch verweisen die leitenden Entscheidungsgründe immer auch über den Einzelfall hinaus auf die Anforderung der Verallgemeinerbarkeit einer Entscheidung. Diese Vorgabe beinhaltet zwei Aspekte: Erstens bedarf es für legitimierbare Ergebnisse eines Verfahrens, dessen Einhaltung größtmögliche Fairness verspricht. Hier haben sich einige Konstanten entwickelt, die in modernen Verfahrensordnungen institutionalisiert werden: die richterliche Unparteilichkeit, der Anspruch auf rechtliches Gehör, die Öffentlichkeit von Verfahren, schließlich im Strafrecht die Unschuldsvermutung ebenso wie das Prinzip, dass es ohne Gesetz keine Strafe gibt, also das Rückwirkungsverbot. Von großer Bedeutung ist auch die rechtsstaatlich verbürgte Möglichkeit, ein Rechtsmittel einzulegen, um ein Urteil von einer höheren Instanz überprüfen zu lassen.

Zweitens stellen sich aber auch inhaltliche Fragen, welche die richtige Interpretation des vorliegenden Rechts betreffen. In der Rechtswissenschaft wurden dafür Interpretationsregeln entwickelt, wonach das Gesetz wörtlich, grammatikalisch, historisch (nach den Absichten des Gesetzgebers), teleologisch (nach seinen Zwecken) und systematisch (eine Norm im Kontext anderer Normen) interpretiert werden kann. Autoren wie Alexy (1995) oder Dworkin (1977) betonen darüber hinaus die Bedeutung von Rechtsprinzipien, die vor allem dann ins Spiel kommen, wenn Fälle schwierig zu entscheiden sind, weil eine Norm ein breites Spektrum von Interpretationsmöglichkeiten eröffnet. Der Rechtspositivismus verweist in solchen Fällen auf die Macht der Dezision: Jede denkmögliche Interpretation kann vom Gericht gewählt werden. Demgegenüber wird eine auf Rechtsprinzipien abstellende Methode versuchen, verschiedene in Frage kommende Prinzipien zu gewichten und aus einer solchen Abwägung heraus zu einer angemessenen Entscheidung zu kommen (Luf 2008, 117ff.).

Bei prinzipiengeleiteten Interpretationen können überraschende Ergebnisse herauskommen, die ihren Protagonisten bisweilen den Vorwurf des Aktionismus eintragen und die der Grund dafür sind, warum Richterrecht immer wieder skeptisch beäugt wird. Ein kleines Beispiel mag dies illustrieren, und es zeigt auch schön das Zusammenspiel der verschiedenen rechtlichen Gewalten: In Kalifornien gilt die Ehe seit 1977 explizit als rechtliche Verbindung von Mann und Frau. Nun enthält die Verfassung Kaliforniens aber auch das Prinzip der Nichtdiskriminierung aufgrund der sexuellen Orientierung. Der Bürgermeister von San Francisco nahm dies zum Anlass, gleichgeschlechtlichen Paaren Heiratszertifikate auszustellen, indem er sich auf das höhere

Recht berief. Der kalifornische Gouverneur stoppte dies. Das danach angerufene Höchstgericht von Kalifornien beschied wiederum, dass die Einschränkung der Ehe auf heterosexuelle Paare nicht zu rechtfertigen ist. Die damit erfolgte Öffnung der Ehe wurde allerdings 2008 per Volksabstimmung zurückgenommen. Und Mitte des Jahres 2009 liegt der Fall wieder bei den Gerichten.

Strafgerechtigkeit

Strafe galt ursprünglich schlicht als Vergeltung für begangenes Unrecht. In den ältesten bekannten Gesetzeswerken, dem „Codex Urnammu" und dem „Codex Hammurabi", findet sich dafür ein einfaches Maß, das umgangssprachlich mit dem Spruch „Aug um Aug, Zahn um Zahn" auf den Punkt gebracht wird – ein Übergriff soll durch eine gleichartige Verletzung vergolten werden („Talion"; vgl. Wesel 1997, 74ff.). Dabei handelt es sich freilich bereits um eine Eindämmung überschießender Rachevorstellungen, die viel weitgehendere Vergeltung forderten. Vor diesem Hintergrund kam und kommt es immer wieder zu Eskalationen von Gewalt, weil ein Übergriff auf den nächsten folgt und das Gesetz der Blutrache immer weitere Sühnehandlungen fordert, die bisweilen weit darüber hinausgehen, Gleiches mit Gleichem zu vergelten.

Heutige Vorstellungen von Strafgerechtigkeit haben sich von solchen Rachevorstellungen verabschiedet (Lampe 1999). Sie stützen die Notwendigkeit und Legitimation von Strafe auf andere Prinzipien: dazu gehören Generalprävention, Spezialprävention und Reintegration in die Gesellschaft. Die Strafe dient also dazu, den Täter selbst ebenso wie weitere potenzielle Täter von weiteren Delikten abzuhalten. Aber auch unter diesen gleichsam utilitaristischen Vorzeichen geht man davon aus, dass eine Strafe nur dann verhängt werden soll, wenn verantwortliches, bewusstes Handeln vorliegt. Strafbare Handlungen, die im Zustand der Zurechnungsunfähigkeit begangen wurden, ziehen keine Strafe, sondern allenfalls die Aufnahme in den „Maßnahmenvollzug" nach sich, solange eine Person eine Gefährdung für andere darstellt.

Mit diesem Fokus wird ein bestimmter Sinn der Strafe angesprochen, der sich daraus ergibt, dass das Recht die Menschen als Subjekte verantworteter Freiheit ernst nimmt. In der Strafe erkennt das Recht eine Person als jemand an, die auch anders hätte handeln können – und der zugemutet werden kann, die Verantwortung für ihre Taten zu übernehmen. Freilich hat sich das Spektrum der Reaktionen auf strafbare Handlungen in den letzten Jahren ganz wesentlich verbreitert. Neben die Verhängung von Strafen sind bei geringfügigeren Delikten Mediation oder Täter-Opfer-Ausgleich getreten. Dahinter steht die Einsicht, dass den Betroffenen mehr geholfen ist, wenn der Täter oder die Täterin Handlungen zur Wiedergutmachung setzt, als wenn der Staat seinen Strafanspruch zur Geltung bringt. Dadurch wird auch Forderungen der Gerechtigkeit Genüge getan.

6

Globale Gerechtigkeit

Schon ein kurzer Blick auf die Welt offenbart enorme politische, soziale und ökonomische Ungleichheiten. Vor diesem Hintergrund wird die Frage gestellt, wie eine gerechte globale Ordnung ausse- hen könnte. Dies betrifft zunächst das Verhältnis der Staaten als Hauptakteure der internationalen Beziehungen untereinander. Diskutiert wird hier die Idee einer Weltrepublik. Das gewaltige Wohlstandsgefälle zwischen Staaten des Nordens und des Südens ist Hintergrund einer Exploration von Themen der sozialen Ge- rechtigkeit im globalen Maßstab. Es steht auch im Hintergrund der Frage nach einer gerechten Organisation von Migration, die unter dem Anspruch der Wahrung menschenrechtlicher Verbürgungen steht. Die universelle Geltung der Menschenrechte ist wesentlicher Bezugspunkt von Überlegungen zur globalen Gerechtigkeit, sie ist aber gleichzeitig nicht unumstritten. Untersucht wird hier der Vor- wurf, Menschenrechte seien eurozentrisch und stellten eine Kolo- nialisierung im Gewande des Humanismus dar. Besonders brisant ist diese Problematik im Zusammenhang mit der internationalen Durchsetzung von Menschenrechten, zumal wenn sie in der Form einer „humanitären Intervention" durchgeführt werden soll. Des- halb wird diskutiert, ob und inwieweit diese moderne Art eines „gerechten Krieges" legitimiert werden kann.

Aspekte einer internationalen politischen Gerechtigkeit

Wir Menschen teilen eine Welt (O'Neill 1997, 515). Das ist nicht im Sinn einer starken gemeinschaftlichen Verbindung zu sehen, sondern als eine Beziehung, die darin besteht, dass wir als handelnde Perso- nen global miteinander vernetzt sind. Gleichzeitig sind wir durch Staatsgrenzen voneinander getrennt. Nationalstaaten beanspruchen Souveränität, und zwar nach außen im Sinne der außenpolitischen Unabhängigkeit ebenso wie nach innen: Demnach ist es ausschließlich Angelegenheit des Staates selbst, nach welcher Ordnung er sich organisiert und welche Gesetze wie erlassen werden. Kritik daran wird nach der Logik der internationalen Beziehungen als Eingriff in innere Angelegenheiten zurückgewiesen. Jeder Blick auf globale Gerechtigkeit muss sich zunächst mit der Frage befassen, wie es um die politische Weltordnung bestellt sein soll, ob die momentane internationale Ordnung nicht überhaupt durch eine andere Organisation der Welt, etwa durch einen „Weltstaat", ersetzt werden sollte und wie ein solcher Weltstaat aussehen könnte (Lutz-Bachmann / Bohmann 2002).

Diese Frage hat bereits Immanuel Kant beschäftigt, der angesichts des Umgangs der Staaten miteinander folgende treffende Beobachtung machte: „Die menschliche Natur scheint nirgend weniger liebenswürdig als im Verhältnisse ganzer Völker gegeneinander" (Kant 1793, 171). Zwischen den Staaten herrscht der Naturzustand, und dieser muss durch eine Rechtsordnung ersetzt werden, welche das Verhältnis der Staaten zueinander in Frieden ordnet. Eine zwischenstaatliche Rechtsordnung im engeren Sinne ist nach dem Kant'schen Paradigma staatlicher Souveränität nicht möglich, da dies die Übertragung von staatlichen Kompetenzen an überstaatliche Organisationen – und damit einen zumindest teilweisen Verzicht auf staatliche Souveränität erfordern würde. Daher kommt bei Kant nicht mehr heraus als eine Föderation souveräner Staaten, die über einen permanenten Staatenkongress vernetzt wird, die aber weder durch Institutionen noch durch eine „politische Struktur" zusammengehalten werden soll (Kersting 1997, 27).

Bekanntlich hat die Geschichte diese Sichtweise überholt. Supranationale Organisationen wie die Europäische Union haben weitgehende Kompetenzen ihren Mitgliedstaaten gegenüber. Aber auch im globalen Maßstab erscheint Kants Vorschlag als zu minimalistisch und nicht geeignet, sein vordringliches Ziel zu erreichen, nämlich die Herstellung und Erhaltung des Weltfriedens im Rahmen einer im Großen und Ganzen gerechten Weltordnung. Das ist das zentrale Anliegen der Vereinten Nationen, die nach dem Zweiten Weltkrieg gegründet wurden, um „künftige Geschlechter vor der Geißel des Krieges zu bewahren". Die dafür zum Ausdruck gebrachte Entschlossenheit umfasst auch das Anliegen, im „Glauben an die Grundrechte des Menschen, an Würde und Wert der menschlichen Persönlichkeit, an die Gleichberechtigung von Mann und Frau sowie von allen Nationen" jene „Bedingungen zu schaffen, unter denen Gerechtigkeit und die Achtung vor den Verpflichtungen aus Verträgen und anderen Quellen des Völkerrechts gewahrt werden können", und schließlich „den sozialen Fortschritt und einen besseren Lebensstandard in größerer Freiheit zu fördern" (Vereinte Nationen 1945, Präambel zur Satzung).

Otfried Höffe (2008) geht mit seiner „realistischen Vision" einer Weltrepublik über solche Vorstellungen hinaus. Er erstellt den Grundriss eines globalen Minimalstaats, der den Ordnungsprinzipien der Gewaltenteilung und des Föderalismus folgt. Gemäß dem Grundsatz der Subsidiarität wird er nur tätig, wenn die untere Einheit nicht in der Lage ist, sich dem Problem in Eigenregie zu widmen. Höffe stellt sich die Einrichtung eines Weltbürgerrechts vor, das rein im Rahmen liberaler Grundrechtsverbürgungen verbleiben soll. Mit der Organisation eines Systems globaler Verteilungsgerechtigkeit will er sein Konzept demgegenüber nicht belasten. Weiter geht Felix Ekardt (2005) mit seinem Plädoyer für weltstaatliche Institutionen nach dem Vorbild der Europäischen Union. Allerdings will auch er, aus Gründen der Transparenz, demokratischen Kontrolle und, zur Verhinderung von Machtkonzentration, dem Weltstaat nicht zu viele Kompetenzen einräumen. Es sollen nur jene allernötigsten sein, um gerechtigkeitsförderliche Rahmenbedingungen des globalen Marktes zu schaffen und um den Schutz der Umwelt besser gewährleisten zu können.

Soziale Gerechtigkeit im globalen Maßstab

Offen bleibt damit die angesichts der horrenden sozialen und ökonomischen Ungleichheiten hochgradig akute Frage nach der Gewährleistung sozialer Gerechtigkeit im globalen Maßstab (vgl. Follesdal / Pooge 2005; Pogge / Moellendorf 2008). Wenn nicht einmal ein Weltstaat die Aufgabe hätte, für soziale Gerechtigkeit zu sorgen, wie sollte dies dann in der momentanen Ordnung (oder vielmehr Unordnung) der Welt, in diesem Konglomerat aus staatlichen und nichtstaatlichen Akteuren, darunter transnationale Unternehmen und globale Nichtregierungsorganisationen, bewerkstelligt werden? Ansätze dafür existieren im Rahmen internationaler Organisationen, auf zwischenstaatlicher Ebene oder jener zivilgesellschaftlicher Akteure. Sie stehen u. a. im Zeichen der Realisierung des „Rechts auf Entwicklung" (Vereinte Nationen 1986). Dieses Recht gilt sowohl individuell als auch kollektiv: Es kommt insbesondere den von kolonialisierender Ausbeutung gezeichneten

Staaten des Südens gegen die Staaten des Nordens zu und kann somit als Ausdruck korrektiver Gerechtigkeit gedeutet werden. Der Begriff der Entwicklung ist breit zu interpretieren; er beinhaltet sozioökonomische ebenso wie technische, kulturelle und politische Aspekte.

Eine wichtige, wenn auch auf Grund ihres neoliberalen Ansatzes umstrittene Rolle nehmen Organisationen wie die Weltbank ein. Ihre Aufgabe besteht u. a. darin, Staaten in ökonomischen Krisensituationen zu unterstützen sowie ganz generell Maßnahmen zu einer Reduktion der globalen Armut zu setzen. Dieses Ziel wird primär über die Vergabe von Krediten zu marktnahen Konditionen verfolgt. Die damit verbundenen Verpflichtungen zur innerstaatlichen Reform haben vielfach problematische Effekte, weil sie erhebliche Kürzungen der Leistungen des Sozialsystems vorsehen, was erst recht wieder die Situation der Armen in diesen Ländern verschlechtert. Als eine generelle Maßnahme, mit der Ressourcen für Maßnahmen der globalen sozialen Gerechtigkeit aufgebracht werden sollen, wird die Einführung einer Steuer auf internationale Devisengeschäfte („Tobin-Steuer") diskutiert.

Kreativität ist angesichts jener Tendenz gefragt, dass transnationale Unternehmen ihre Gewinne privatisieren, die Verluste hingegen zu sozialisieren versuchen, wie dies in der im Jahr 2009 anhaltenden Weltwirtschaftskrise wieder einmal ganz besonders deutlich geworden ist. Das entspricht der generellen Tendenz zur „Rosinenpolitik", nämlich mit der Produktion in solche Staaten auszuweichen, die aufgrund niedriger Standards möglichst niedrige Kosten verursachen. Die Folge ist der Verlust von Arbeitsplätzen in Ländern mit höherem Lohnniveau und entwickelten sozialen Standards. Somit steht man vor der unglückseligen Situation, dass die Errungenschaften im Bereich des Arbeitnehmerschutzes dazu führen, dass eben jene Arbeitsplätze, die sozial verträglich ausgestaltet wurden, aufgrund globaler Verflechtungen verloren gehen. Daher bedarf es international einheitlicher Maßstäbe für transnational agierende Unternehmen, um durch Bestimmungen über den Mindestlohn und die Mindestbedingungen bei der Arbeit nicht nur die schlimmsten Formen der Ausbeutung der arbeitenden Bevölkerung zu vermeiden, sondern ganz generell eine global gerechtere Verteilung von Arbeit und Wohlstand zu bewerkstelligen.

Migration und soziale Gerechtigkeit

In Anbetracht des globalen Gefälles bei Wohlstand, Freiheit, Sicherheit und Entfaltungsmöglichkeiten ist es nicht verwunderlich, dass viele Menschen ihre Herkunftsstaaten verlassen und nach Europa oder in die USA ziehen wollen, sei es auf der Flucht vor Verfolgung oder auf der Suche nach einem besseren Leben. Es ist ein Aspekt politischer Freiheit, dem eigenen Land den Rücken kehren zu können, und gehört zum Recht auf Ausstieg, das wir bereits bei der Debatte um den Multikulturalismus kennengelernt haben. Das Problem ist allerdings: Wer gehen möchte, der braucht einen Ort, an dem er oder sie aufgenommen wird. Die internationale Ordnung der Migration ist davon geprägt, dass die einzelnen Staaten darüber entscheiden, wer sich wie lange auf ihrem Gebiet aufhalten darf – und wer nicht. Angesichts der großen Zahl an Zuwanderungswilligen gestalten viele Staaten ihre Regelungen für Immigration immer rigider. Aber kann ein restriktives Einwanderungsregime überhaupt gerechtfertigt werden? Wie sind die Interessen zwischen jenen, die sich bereits in einem Staat befinden, und jenen, die sich dorthin begeben wollen, gegeneinander abzuwägen? Je nach theoretischem Ansatz fällt die Beurteilung dieser Frage unterschiedlich aus.

Für egalitär-liberale Theorien liegt die Argumentationslast auf der Seite derjenigen, die für Beschränkungen der Aufenthalts- und Einwanderungsfreiheit argumentieren. Menschen sollen ja nicht aufgrund irgendwelcher Zufälligkeiten Benachteiligungen erleiden. Wo jemand geboren wird, dafür kann niemand etwas. Aus der Perspektive eines solchen Ansatzes bedeutet die Abschottung mit Mitteln des Fremdenrechts die Duldung gravierender ökonomischer Ungleichheiten bei gleichzeitiger Verfestigung von Privilegien, „die wegen der Regelungen des Erwerbs der Staatsbürgerschaft kraft Abstammung oder Geburtsort einen gleichsam ständisch-erblichen Charakter annehmen" (Somek 1998, 411). Um genau solche Arten von Privilegien abzuschaffen, dafür sind egalitär-liberale Theorien aber angetreten!

Demgegenüber geben kommunitaristische Theorien dem Selbstbestimmungsrecht der staatlichen Gemeinschaft den Vorrang: Die Definition der Regeln der Mitgliedschaft liege allein in ihrer Hand. Ergänzt wird dieses Prinzip durch das moralische Gebot, Menschen zu helfen, die in Not geraten sind und deshalb etwa aus ihrem Land flüchten. Sprich: Mit kommunitaristischen Methoden lässt sich ein (eingeschränktes) Recht auf Asyl für jene begründen, die es wirklich brauchen, während unter liberal-egalitären Vorzeichen im Grunde das gesamte Immigrationsrecht in Frage steht. Allenfalls lassen sich Einschränkungen damit begründen, dass ansonsten liberale Grundfreiheiten und Systeme sozialer Sicherheit gefährdet sind. Schließlich gibt es mit dem demokratischen Nationalstaat eine Organisationsform, die in einer unübersichtlichen Welt die Möglichkeit verbürgen soll, soziale Gerechtigkeit zu realisieren (Somek 1998, 414). Das soll nicht durch Überlastung verunmöglicht werden. Mit anderen Worten: Die globale Gerechtigkeit soll nicht auf Kosten der Binnengerechtigkeit gehen; die Binnengerechtigkeit darf aber auch bestimmte globale Standards nicht unterschreiten. Damit sind nicht zuletzt die Menschenrechte angesprochen.

Menschenrechte: Eurozentrischer Kulturimperialismus?

Die universale Geltung der Menschenrechte scheint selbstverständlich, und sie ist auch in verschiedensten umfassenden Menschenrechtspakten global weitgehend anerkannt. Gleichzeitig wird aber immer wieder Kritik laut: Bei den Menschenrechten handle es sich, so heißt es, um ein eurozentrisches Konzept, das auf die unterschiedlichen kulturellen und religiösen Voraussetzungen in den diversen Staaten der Welt keine Rücksicht nehme. Denn hinter den Menschenrechten stehe ein ganz spezifisches westliches Menschenbild. Ihre universelle Geltung liefe darauf hinaus, die globale Geltung einer „westlich geprägten Werteordnung" (Bielefeldt 1997, 256) zu fordern. Die Menschenrechte in ihrer aktuellen Gestalt seien untrennbar verbunden mit der Idee egozentrischer Selbstverwirklichung isolierter Individuen, die keine Rücksicht auf Gemeinschaftsbindungen und daraus sich ergebende Verantwortlichkeiten nehmen.

Dem wird etwa ein islamisches, asiatisches oder afrikanisches Menschenbild entgegengehalten, das den sozialen Charakter menschlicher Existenz und das Bedürfnis nach Harmonie in den Vordergrund rückt. Dem Individuum kommen in dieser Sichtweise weniger Rechte als vielmehr Pflichten gegenüber der Gemeinschaft zu (Ake 1987, 5). Aus religiöser Perspektive wird vor allem der säkulare Charakter der Menschenrechte als problematisch angesehen. Entsprechend enthält etwa die 1990 in Kairo verabschiedete Erklärung der Menschenrechte im

Islam beim Recht auf Leben und auf körperliche Unversehrtheit Vorbehaltsklauseln zugunsten des islamischen Rechts, der Sharia (Art. 2), ebenso wie im Geschlechterverhältnis die ungleiche Rollenverteilung zwischen Frauen und Männern festgeschrieben wird (Art. 6; vgl. Bielefeldt 1997, 262). Progressive Interpretationen des Verhältnisses von Islam und Menschenrechten versuchen, solche Vorgaben aufzubrechen; sie sind allerdings in der Minderzahl und haben erheblich weniger Einfluss.

Den Verfechtern der Universalität der Menschenrechte wird vorgeworfen, sie seien entweder unsensibel für kulturelle und religiöse Besonderheiten, oder sie würden ganz bewusst eine Politik der Kolonialisierung im neuen Gewande durchführen. „Seit der Landung in Ägypten im Jahre 1798 hat sich die imperialistische europäische Zivilisationsmission bekanntlich gern auch menschenrechtlicher Rhetorik bedient" (Bielefeldt 1997, 256). Nun ist es sicher wichtig, dass der Menschenrechtsdiskurs sich selbstkritisch auf implizite Grundannahmen befragt. Bemerkenswert ist aber, wie Jürgen Habermas (2003, 220) beobachtet, dass sich in der Debatte „die strategischen Äußerungen der Regierungsvertreter mit Beiträgen oppositioneller und unabhängiger Intellektueller teils verbinden, teils überschneiden". Der Vorwurf des Neokolonialismus kommt skrupellosen Potentaten durchaus zupass, wenn sie sich gegen Vorwürfe der Verletzung von Menschenrechten zur Wehr setzen wollen.

Vor diesem Hintergrund ist daran zu erinnern, dass die Menschenrechte keine Kopfgeburt sind, sondern sich einer Geschichte verdanken, innerhalb derer sie sich als notwendig erwiesen haben, um die vielfach brutale Macht des Staats im Zaum zu halten. In ihrer neuesten Konfiguration nach dem Zweiten Weltkrieg waren sie eine Antwort auf jenen Zivilisationsbruch, den das nationalsozialistische Deutschland mit seiner Vernichtungspolitik vollzogen hat. Menschenrechte stellen ein notwendiges Korrektiv zu jenen Ausschlüssen dar, die Staaten vornehmen, wenn sie die Integrität und den Schutz kultureller oder religiöser Werte auf ihre Fahnen heften oder eine besondere nationale Integrität zu bewahren suchen. In der Geschichte hat sich immer wieder erwiesen, dass solche politischen Hintergründe zu Gefährdungen für kulturelle, religiöse und politische Abweichlerinnen und Abweichler führen. Dagegen hilft nur eine an grundlegenden Menschenrechten orientierte Verrechtlichung der Politik: Das Recht auf Leben, auf körperliche Unversehrtheit inklusive der Freiheit von Folter oder auf ein rechtsstaatliches Verfahren vor einem unabhängigen Gericht – all diese grundlegenden Menschenrechte stellen eine Antwort auf solche Herausforderungen dar.

Globale Durchsetzung der Menschenrechte

Mit der Frage nach der universellen Geltung der Menschenrechte verbindet sich jene nach der Möglichkeit ihrer Durchsetzung. Sie scheitert im internationalen Maßstab häufig daran, dass es keine Durchsetzungsorgane gibt, die das Bollwerk der nationalen Souveränität durchbrechen könnten. Allenfalls werden Protestnoten formuliert, Resolutionen z. B. auf der Ebene der Vereinten Nationen beschlossen oder ökonomische Embargos umgesetzt (und häufig umgangen). Erst in den letzten Jahren wurde mit der Einrichtung von Ad-hoc-Tribunalen zur Verfolgung schwerer Menschenrechtsverletzungen, z. b. im ehemaligen Jugoslawien oder in Ruanda, und neuerdings mit der Einrichtung eines ständigen Internationalen Strafgerichtshofs die Möglichkeit geschaffen, auch von politischen Machthabern begangene Verbrechen zu verfolgen.

Ein weiterer Aspekt soll hier etwas ausführlicher behandelt werden: die humanitäre Intervention. In ihrer meistdiskutierten und umstrittensten Variante handelt es sich um ein militärisches Vorgehen gegen einen Staat, der die Menschenrechte seiner Bevölkerung in gravierender Weise verletzt. Sie ist eine moderne Form des gerechten Kriegs. Die *Lehre vom gerechten Krieg* ist eine Doktrin mit antiken und kanonischen Wurzeln. Bereits Platon im Dialog „Nomoi" (Die Gesetze I, 628d–e) und Aristoteles in seiner „Politik" (7, 1333a) begrenzen Kriege insofern, als sie argumentieren, sie dürften nur um des künftigen Friedens willen geführt werden. Es ist aber Cicero, der als Urheber der Lehre vom gerechten Krieg in Europa gesehen werden kann. Krieg ist demnach nur erlaubt, wenn er auf einer *iusta causa* beruht (also einem gerechten Grund, z. B. um ein Unrecht abzuwehren, um Gerechtigkeit wiederherzustellen oder um einen Übeltäter zu bestrafen) und wenn er die *ultima ratio* des Handelns darstellt (es muss vor dem kriegerischen Eingreifen ein Ultimatum gestellt und die Intervention angedroht worden sein). Weiters ist der kriegerische Akt nur dann zulässig, wenn eine legitime Autorität tätig wird. Schließlich besteht auch bei Cicero (De Officiis I, 34ff.) die Vorgabe, dass durch die (Art der) Kriegsführung auf ein gerechtes und rechtlich geordnetes Leben danach hingewirkt wird.

Zu Beginn des Mittelalters findet in Auseinandersetzung mit dem Zusammenbruch der rechtlichen Ordnung des Römischen Reiches eine Abkehr vom Pazifismus des frühen Christentums statt. Augustinus und später Thomas von Aquin sehen die Möglichkeit eines gerechten Krieges, wobei sie besonders die mit der *iusta causa* korrespondierende rechte Einstellung (*recta intentio*) fordern. Eine Sonderstellung nimmt an der Wende zur Neuzeit die Schule von Salamanca ein. Sie setzte sich mit der Frage auseinander, ob die spanische Eroberung und Inbesitznahme Amerikas gerecht war (Hinsch/Janssen 2006, 55). Besonderes Augenmerk wurde hier auf die *iusta causa* gelegt, die von der Conquista ja vorgeschützt worden war. Tatsächlich könne ein kriegerischer Eingriff in ein fremdes Gemeinwesen legitim sein, um Gräueltaten gegen die einheimische Bevölkerung zu verhindern. Das grausame Gemetzel durch die Conquista unter dem Vorwand, „[letztlich wenige] Menschenopfer zu verhindern" (Hinsch/Janssen 2006, 56), sollte damit aber gerade nicht zu rechtfertigen sein.

Zu dieser Zeit lässt sich eine Akzentverschiebung ausmachen. Generell erleidet die Doktrin des gerechten Kriegs einen beträchtlichen Bedeutungsverlust. Denn das Recht zur Kriegsführung (*ius ad bellum*) wird nun als Kennzeichen souveräner Staaten gesehen. Eine eigene Rechtfertigung eines Kriegs über die bloße Tatsache nationalstaatlicher Interessen hinaus scheint daher gar nicht erforderlich. Erst Ende des 19./Anfang des 20. Jahrhunderts kommt wieder Bewegung in die Debatte. Die politischen Initiativen gehen in zwei Richtungen: den Versuch, das Führen von Kriegen überhaupt zu verbieten, und das Anliegen, den Modalitäten der Kriegsführung Grenzen zu setzen (*ius in bello*). Ein Meilenstein (und späterer Anknüpfungspunkt bei den Nürnberger Prozessen gegen hohe politische Repräsentanten des Nazi-Regimes) war der Abschluss des Briand-Kellogg-Paktes (1928) in Paris. Darin wurde der Angriffskrieg zu einem Verbrechen erklärt. Allerdings war diese Vorgabe völkerrechtlich unverbindlich.

Nach dem Ende des Zweiten Weltkriegs wurde mit der „Satzung der Vereinten Nationen" (SVN) ein System etabliert, das Gewaltanwendung als Mittel der internationalen Politik grundsätzlich verbietet. Nur zur Selbstverteidigung oder zur Wahrung der kollektiven Sicherheit ist die Anwendung von Gewalt – fundiert durch einen Sicherheitsratsbeschluss – völkerrechtlich erlaubt (Art. 2 Z 7 SVN). Legale

Interventionen in Mitgliedstaaten kann es demnach nur geben, wenn der Sicherheitsrat eine Bedrohung, einen Bruch des Friedens oder eine Angriffshandlung feststellt (Art. 39 SVN). In diesem Kontext ist die Debatte über *humanitäre Interventionen* heute anzusiedeln. Dabei ist gleich festzuhalten, dass solche Interventionen völkerrechtlich prinzipiell nicht erlaubt sind, weil sie nicht unter die satzungsgemäßen Ausnahmen zum Gewaltverbot fallen. Wie beim zivilen Ungehorsam kann auch die Rechtfertigung der humanitären Intervention, wenn es denn eine gibt, sich ausschließlich auf Kriterien berufen, die im Bereich einer universellen Moral zu Hause sind; eine rechtliche Grundlage gibt es dafür nicht.

Wodurch könnte eine humanitäre Intervention nun gerechtfertigt werden? Es muss sich jedenfalls um einen „extremen" Anlass handeln: um Akte der Barbarei, die, um eine viel zitierte Phrase aus der Präambel der „Allgemeinen Erklärung der Menschenrechte" (1948) anzuführen, „das Gewissen der Menschheit mit Empörung erfüllen". Man befindet sich bei Anlässen für eine humanitäre Intervention auf der anderen Seite einer „Kluft", die sie von gewöhnlichen Ungerechtigkeiten, Tyrannei oder verletzenden traditionellen Praktiken unterscheidet (Walzer 2006, 16). Das ist etwa dann der Fall, wenn im Rahmen „ethnischer Säuberungen" ganze Bevölkerungsgruppen systematisch verfolgt oder vernichtet werden.

Wer soll humanitär intervenieren? Das ist die Frage nach der legitimen Autorität. Walzer (2006, 16) wischt diese Frage eher lässig auf die Seite: „Wer dazu in der Lage ist, sollte es tun." Andere sind da zurückhaltender und betonen, dass das Kriterium der legitimen Autorität eine Funktion bei der späteren Ordnungs- und Friedensstiftung haben kann (Hinsch / Janssen 2006, 95; Simma 1999). In Frage kommen etwa Institutionen des internationalen Rechts und des UN-Systems kollektiver Sicherheit. Allerdings fehlt für deren Agieren in diesem Feld bislang eine rechtliche Grundlage. Es gibt daher keine „legitime Autorität" im engeren Sinn; die humanitäre Intervention ist aus Prinzip eine Rechtsverletzung (Simma 1999).

Ein Punkt, der immer wieder zu heftiger Kritik führt, ist die Frage der Motivation intervenierender Staaten und in ihrem Gefolge das Problem der Inkonsistenz. Denn in einigen wenigen Fällen wird interveniert, in (den meisten) anderen aber nicht. Wenn man sich fragt, warum das so ist, gelangt man häufig zu der Einsicht, dass eine Intervention auch und vor allem dann durchgeführt wird, wenn machtpolitische und ökonomische Interessen zugrunde liegen. Jene Autoren, die für die Legitimität der humanitären Intervention argumentieren, nehmen hier einen pragmatischen Standpunkt ein: In einem Fall nur deshalb nicht einzugreifen, weil man in einem anderen Fall nicht interveniert hat, finden etwa Walzer (2006) und Seyboldt (2008) falsch. Es mache keinen Sinn, ein überzogenes moralisch-politisches Reinheitsgebot aufzustellen: Motivationen für politisches Handeln seien immer heterogen; für die Betroffenen sei es jedenfalls von Vorteil, wenn ein eingreifender Staat auch eigene Interessen hat, weil dann seine Ambition größer sei (Walzer 2006, 19; Brugger 1997). Seyboldt (2008) kümmert sich denn auch weniger um die „richtigen Intentionen" der Intervenierenden, als eher darum, wie aussichtsreich die humanitäre Intervention ist. Sie könne nur dann legitim sein, wenn es eine passable Aussicht auf Erfolg gibt – und wenn sie so wenig Schaden wie möglich anrichtet.

Wann sind die Ziele der Intervention erreicht? Wenn die Massaker oder der Genozid ein Ende gefunden haben? Oder geht die Verantwortung darüber hinaus, indem die Neuordnung des Staates „unterstützt" wird? Schließlich hat die herrschende Staatsmacht die Massaker und den Genozid wenn nicht selbst durchgeführt, so zumindest geduldet. Oder die dahinterliegenden ethnischen oder religiösen Spannungen sind so gravierend, dass nach dem Truppenabzug das Töten weitergehen würde. Schließlich könnte es auch sein, dass schlicht keine staatlichen Strukturen vorhanden sind, denen die Verantwortung im Weiteren übergeben werden könnte. Wäre es denn zu verantworten, eine Bevölkerung ohne halbwegs funktionierende staatliche Institutionen sich selbst zu überlassen? Praktisch hat man es hier mit großen Unwägbarkeiten zu tun. Theoretisch kann man sagen: „Sobald die Massaker und die ethnischen Säuberungen vorbei sind und die Machthaber ihr Wiederaufflammen abwenden können, ist die Intervention zu beenden" (Walzer 2006, 23).

Was lässt sich über die notwendigen Qualitäten des (neuen) Regimes sagen? Bisweilen wird bloß gefordert, dass das Regime „nicht mörderisch" zu sein hat. Kriterien wie Liberalität, Rechtsstaatlichkeit oder Demokratie werden eher abgelehnt. Ein relativer Minimalismus (auch) in dieser Frage steht im Zeichen der Universalisierbarkeit und der Abwehr des Vorwurfs, es würden partikulare – westliche – Vorstellungen darüber, wie eine legitime Herrschaft auszusehen hat, zur globalen Vorgabe gemacht werden. Tatsächlich wird es nur dann, wenn die Zielvorstellungen eher im Minimalbereich liegen, zu einem baldigen Abzug kommen können. Wer zu hohe Ansprüche an ein neues Regime stellt, sorgt gleichzeitig dafür, dass man weiter behaupten kann, die entsprechenden Vorgaben seien noch nicht erfüllt, daher sei ein Abzug noch nicht legitimierbar.

Aus der vorangegangenen Darstellung lässt sich ersehen, dass die Legitimierung einer humanitären Intervention äußerst voraussetzungsvoll ist. Ja, es stellt sich die Frage, ob sie überhaupt geleistet werden kann! Entsprechend kontrovers gestalten sich die Debatten um jene realen Vorkommnisse, die als solche Interventionen diskutiert werden, wie die Intervention der Nato im Kosovo oder das Eingreifen der USA und ihrer Verbündeten in Afghanistan. Wie auch immer man sich entscheidet, die Situation bleibt dilemmatisch: Wird eingegriffen, so handelt es sich jedenfalls um einen Übergriff, und es werden immer Opfer der Intervention zu beklagen sein. Wird nicht eingegriffen, lässt man (andere) Opfer im Stich. Den Forderungen der Gerechtigkeit ist nicht leicht Genüge zu tun.

Das gilt nicht nur für die humanitäre Intervention, sondern ganz allgemein für Themen der Gerechtigkeit. Worin sie genau bestehen und wie man ihnen beikommen könnte, das sind alles umstrittene Fragen. In unserem pluralistischen moralischen Universum gibt es nur wenige Fixpunkte, an denen eine Orientierung erfolgen kann. Diese sind gleichzeitig, wie die gleiche Freiheit aller oder das Recht auf gleiche Achtung und Berücksichtigung, hochgradig auslegungsbedürftig. Schließlich muss man auch zur Kenntnis nehmen, dass jede eingelöste Gerechtigkeitsforderung sofort zu einer neuen Anfrage an die Gerechtigkeit wird. Diese Herausforderung gilt es immer wieder anzunehmen in dem Bestreben, sich unter Einbeziehung der Betroffenen um eine angemessene Gestaltung menschlicher Lebensverhältnisse zu bemühen.

Anhang

Literatur

Bei allen Texten wird das ursprüngliche Erscheinungsjahr nachgestellt, wenn es nicht mit dem Jahr der angegebenen Ausgabe übereinstimmt, in welcher der Text erstmals abgedruckt wurde. Es wurde darauf geachtet, auf möglichst greifbare Schriften in deutscher Sprache zu referieren.

Ake, Claude: The African Context of Human Rights. In: Africa Today 34 (1987).

Alexy, Robert: Zum Begriff des Rechtsprinzips. In: ders.: Recht, Vernunft, Diskurs: Studien zur Rechtsphilosophie. Frankfurt/M.: Suhrkamp 1995.

Anderson, Elizabeth S.: Warum eigentlich Gleichheit? In: Krebs 2000.

Anscombe, Elizabeth: Moderne Moralphilosophie. In: Grewendorf, Günther / Meggle, Georg (Hg.): Seminar: Sprache und Ethik. Zur Entwicklung der Metaethik. Frankfurt/M.: Suhrkamp 1974 (1958).

Aristoteles: Politik. München: dtv 1973.

— Nikomachische Ethik. Reinbek bei Hamburg: Rowohlt 2006.

Arneson, Richard J.: Gleichheit und gleiche Chancen zur Erlangung von Wohlergehen. In: Honneth 1994.

Augustinus: Vom Gottesstaat. München: dtv 2007.

Austin, John: The Province of Jurisprudence Determined. Cambridge: Cambridge University 1995 (1832).

Barry, Brian: Culture and Equality: An Egalitarian Critique of Multiculturalism. Cambridge: Harvard University 2001.

Beauvoir, Simone de: Das andere Geschlecht. Sitte und Sexus der Frau. Reinbek bei Hamburg: Rowohlt 1968 (1949).

Bebel, August: Die Frau und der Sozialismus. Bonn: Dietz 1994 (1883).

Bentham, Jeremy: The Principles of Morals and Legislation. Amherst–New York: Prometheus 1988 (1780).

Bergman, Barbara R.: In Defense of Affirmative Action (1996). In: Cahn 2002.

Bien, Günther: Gerechtigkeit bei Aristoteles. In: Aristoteles. Die Nikomachische Ethik. Hg. von Otfried Höffe. Berlin: Akademie 1995.

Bielefeldt, Heiner: Menschenrechte – universaler Normkonsens oder euro-
zentrischer Kulturimperialismus? In: Brocker, Manfred / Nau, Heino
Heinrich (Hg.): Ethnozentrismus. Möglichkeiten und Grenzen des inter-
kulturellen Dialogs. Darmstadt: Primus 1997.

Birnbacher, Dieter: Verantwortung für zukünftige Generationen – Reichweite
und Grenzen. In: Stiftung für die Rechte zukünftiger Generationen 2003.

Böckenförde, Ernst-Wolfgang: Staat, Gesellschaft, Freiheit. Studien zur Staats-
theorie und zum Verfassungsrecht. Frankfurt/M.: Suhrkamp 1976.

— Geschichte der Rechts- und Staatsphilosophie. Tübingen: Mohr Siebeck
2002.

Bodin, Jean: Über den Staat. Stuttgart: Reclam 1986 (1576).

Brugger, Winfried: Stufen der Begründung von Menschenrechten. In: Der
Staat 31 (1992).

Brundtland, Gro Harlem: Development and International Economic Coopera-
tion: Environment. Bericht der Generalversammlung. A/3/427. 1987.

Brunkhorst, Hauke, u. a. (Hg.): Recht auf Menschenrechte. Menschenrechte,
Demokratie und internationale Politik. 2. Aufl. Frankfurt/M.: Suhrkamp
2003.

Burmeister, Karl Heinz: Olympe de Gouges. Die Rechte der Frau 1791.
Wien–Bern: Manz–Stämpfli 1999.

Butler, Judith: Die Macht der Geschlechternormen und die Grenzen des
Menschlichen. Frankfurt/M.: Suhrkamp 2009 (2004).

Cahn, Steven M. (Hg.): The Affirmative Action Debate. 2. Aufl. New York–
London: Routledge 2002.

Chwaszcza, Christine / Kersting, Wolfgang (Hg.): Politische Philosophie der
internationalen Beziehungen. Frankfurt/M.: Suhrkamp 1998.

Cicero: De Officiis. Vom pflichtgemäßen Handeln. Stuttgart: Reclam 2007.

Cohen, Gerald: On the Currency of Egalitarian Justice. In: Ethics 99 (1989).

Crenshaw, Kimberlé: Demarginalizing the Intersection of Race and Sex: A
Black Feminist Critique of Antidiscrimination Doctrine, Feminist Theory,
and Antiracist Politics. In: The University of Chicago Legal Forum (1989).

Demandt, Alexander: Die Idee der Gerechtigkeit bei Platon und Aristoteles.
In: Münkler / Llanque 1999.

Doblhofer, Doris / Küng, Zita: Gender Mainstreaming. Gleichstellungs-
management als Erfolgsfaktor – das Praxisbuch. Heidelberg: Springer
Medizin 2008.

Dworkin, Ronald: Bürgerrechte ernstgenommen. Frankfurt/M.: Suhrkamp
1990 (1977).

— What Is Equality? Part 2: Equality of Resources. In: Philosophy and Public Affairs 10 (1981).

Eisenberg, Avigail / Spinner-Halev, Jeff (Hg.): Minorities within Minorities. Equality, Rights, and Diversity. Cambridge: Cambridge University 2005.

Ekardt, Felix: Das Prinzip Nachhaltigkeit. Generationengerechtigkeit und globale Gerechtigkeit. München: Beck 2005.

Elster, Jon: Local Justice. How Institutions Allocate Scarce Goods and Necessary Burdens. New York: Russell Sage Foundation 1992.

Euchner, Walter: Marx' Aufhebung der Gerechtigkeit in der kommunistischen Gesellschaft. In: Münkler / Llanque 1999.

Follesdal, Andreas / Pogge, Thomas (Hg.): Real World Justice. Grounds, Principles, Human Rights, and Social Institutions. Dordrecht: Springer 2005.

Foot, Philippa: Virtues and Vices and Other Essays in Moral Philosophy. Oxford: Clarendon 2002.

Forst, Rainer: Kontexte der Gerechtigkeit. Politische Philosophie jenseits von Liberalismus und Kommunitarismus. Frankfurt/M.: Suhrkamp 1996.

Frankfurt, Harry: Gleichheit und Achtung. In: Krebs 2000 (1997).

Fraser, Nancy: Die halbierte Gerechtigkeit. Schlüsselbegriffe des postindustriellen Sozialstaates. Frankfurt/M.: Suhrkamp 2007.

— / Honneth, Axel: Umverteilung oder Anerkennung? Eine politisch-philosophische Kontroverse. Frankfurt/M.: Suhrkamp 2003.

Friedman, Marilyn: Feminismus und moderne Formen der Freundschaft: Eine andere Verortung von Gemeinschaft. In: Honneth 1994.

Fullinwider, Robert: Umgekehrte Diskriminierung und Chancengleichheit (1986). In: Rössler 1993.

Geras, Norman: The Controversy about Marx and Justice. New Left Review I/150 (1985).

Gilligan, Carol: Die andere Stimme. Lebenskonflikte und Moral der Frau. München: Piper 1982.

Gosepath, Stefan: Gleiche Gerechtigkeit. Grundlagen eines liberalen Egalitarismus. Frankfurt/M.: Suhrkamp 2004.

Habermas, Jürgen: Die Einbeziehung des Anderen. Studien zur politischen Theorie. Frankfurt/M.: Suhrkamp 1996.

— Der interkulturelle Diskurs über Menschenrechte. In: Brunkhorst 2003.

Hart, H. L. A.: Der Begriff des Rechts. Frankfurt/M.: Suhrkamp 1973 (1961).

Hayek, Friedrich August von: Die Anmaßung von Wissen. Tübingen: Mohr Siebeck 1996.

Hinsch, Wilfried / Janssen, Dieter: Menschenrechte militärisch schützen. Ein Plädoyer für humanitäre Interventionen. München: Beck 2006.

Hobbes, Thomas: Leviathan oder Stoff, Form und Gewalt eines kirchlichen und bürgerlichen Staates. Frankfurt/M.: Suhrkamp 1966 (1651).

Höffe, Otfried: Politische Gerechtigkeit. Grundlegung einer kritischen Philosophie von Recht und Staat. Erweiterte Neuausgabe. Frankfurt/M.: Suhrkamp 2002.

— Gerechtigkeit. Eine philosophische Einführung. 3. Aufl. München: Beck 2007.

— Vision Weltrepublik. Eine philosophische Antwort auf die Globalisierung. In: Brugger, Winfried, u. a. (Hg.): Rechtsphilosophie im 21. Jahrhundert. Frankfurt/M.: Suhrkamp 2008.

Holzleithner, Elisabeth: Kein Fortschritt in der Liebe? Gerechtigkeit und Anerkennung in Nahbeziehungen. In: Koller 2001 .

— Herausforderungen des Rechts in multikulturellen Gesellschaften. Zwischen individueller Autonomie und Gruppenrechten. In: Sauer / Strasser 2008 (2008a).

— Gendergleichheit und Mehrfachdiskriminierung: Herausforderungen für das Europarecht. In: Arioli, Kathrin, u. a. (Hg.): Wandel der Geschlechterverhältnisse durch das Recht? Zürich–St. Gallen: Dike 2008 (2008b).

— Geschlecht und Identität im Rechsdiskurs. In: Rudolf, Beate (Hg.): Geschlecht im Recht. Eine fortbestehende Herausforderung. Göttingen: Wallstein 2009.

Honneth, Axel (Hg.): Kommunitarismus. Eine Debatte über die moralischen Grundlagen moderner Gesellschaften. Frankfurt/M.: Campus 1993.

— (Hg.): Pathologien des Sozialen. Die Aufgaben der Sozialphilosophie. Frankfurt/M.: Fischer 1994.

Horn, Christoph / Scarano, Nico (Hg.): Philosophie der Gerechtigkeit. Texte von der Antike bis zur Gegenwart. Frankfurt/M.: Suhrkamp 2002.

Hume, David: Über Moral. Frankfurt/M.: Suhrkamp 2007 (1740).

— Eine Untersuchung über die Prinzipien der Moral. Stuttgart: Reclam 1984 (1751).

Hursthouse, Rosalind (Hg.): Ethics, Humans, and Other Animals. An introduction with readings. London–New York: Routledge 2000.

Jestaedt, Mathias: Einführung. In: Kelsen 2008.

Kant, Immanuel: Grundlegung zur Metaphysik der Sitten. Werke Bd. VII. Frankfurt/M.: Suhrkamp 1977 (1785/86).

— Was ist Aufklärung? Werke Bd. IX. Frankfurt/M.: Suhrkamp 1977 (1784).

— Über den Gemeinspruch: Das mag in der Theorie richtig sein, taugt aber nicht für die Praxis. Werke Bd. IX. Frankfurt/M.: Suhrkamp 1977 (1793).

Kelsen, Hans: Reine Rechtslehre. Einleitung in die rechtswissenschaftliche Problematik. Tübingen: Mohr Siebeck 2008 (1934).

Kersting, Wolfgang: Einleitung: Die Begründung der politischen Philosophie der Neuzeit im Leviathan. In: ders. (Hg.): Thomas Hobbes. Leviathan oder Stoff, Form und Gewalt eines bürgerlichen und kirchlichen Staates. Berlin: Akademie 1996.

— Einleitung: Probleme der politischen Philosophie der internationalen Beziehungen: die Beiträge im Kontext. In: Chwaszcza / Kersting 1998.

— Einleitung: Probleme der politischen Philosophie des Sozialstaats. In: ders. (Hg.): Politische Philosophie des Sozialstaats. Weilerwist: Velbrück 2000a.

— Gerechtigkeitsprobleme sozialstaatlicher Gesundheitsversorgung. In: ders. (Hg.): Politische Philosophie des Sozialstaats. Weilerwist: Velbrück 2000b.

Klinger, Cornelia / Knapp, Gudrun-Axeli (Hg.): Achsen der Ungleichheit. Zum Verhältnis von Klasse, Geschlecht und Ethnizität. Frankfurt/M.: Campus 2007.

Kluge, Friedrich (Hg.): Etymologisches Wörterbuch der deutschen Sprache. 24. Aufl. Berlin–New York: de Gruyter 2002.

Koch, Hans-Joachim (Hg.): Theorien der Gerechtigkeit. ARSP Beiheft 56. Stuttgart: Steiner 1994 .

Koller, Peter (Hg.): Gerechtigkeit im politischen Diskurs der Gegenwart. Wien: Passagen 2001.

Krebs, Angelika (Hg.): Gleichheit oder Gerechtigkeit. Texte der neuen Egalitarismuskritik. Frankfurt/M.: Suhrkamp 2000.

— Arbeit und Liebe. Die philosophischen Grundlagen sozialer Gerechtigkeit. Frankfurt/M.: Suhrkamp 2002.

Kukathas, Chandran: Cultural Toleration. In: Shapiro, Ian / Kymlicka, Will: Ethnicity and Group Rights. New York–London: New York University 1997.

Kymlicka, Will: Multicultural Citizenship: A Liberal Theory of Minority Rights. Oxford: Oxford University 1995.

Lampe, Ernst-Joachim: Strafphilosophie. Studien zur Strafgerechtigkeit. Köln u. a.: Heymanns 1999.

Larmore, Charles E.: Patterns of Moral Complexity. Cambridge u. a.: Cambridge University 1987.

Leist, Anton: Intergenerationelle Gerechtigkeit. In: Bayertz, Kurt (Hg.): Praktische Philosophie. Reinbek bei Hamburg: Rowohlt 1991.

Liebig, Stefan / Lengfeld, Holger (Hg.): Interdisziplinäre Gerechtigkeitsforschung. Zur Verknüpfung empirischer und normativer Perspektiven. Frankfurt/M.: Campus: 2002.

Locke, John: Zwei Abhandlungen über die Regierung. Frankfurt/M.: Suhrkamp 1977 (1690).

Lohmann, Georg: Soziale Gerechtigkeit und soziokulturelle Selbstdeutungen. Relativismus bei Marx, Walzer und Rawls. In: Koch 1994.

Luf, Gerhard: Freiheit als Rechtsprinzip. Rechtsphilosophische Aufsätze. Wien: facultas.wuv 2008.

Lukes, Steven: Fünf Fabeln über Menschenrechte. In: Shute / Hurley 1996.

Lutz-Bachmann, Matthias: „Weltstaatlichkeit" und Menschenrechte nach dem Ende des überlieferten „Nationalstaats". In: Brunkhorst u. a. 2003.

— The Discovery of a Normative Theory of Justice in Medieval Philosophy: On the Reception and Further Development of Aristotle's Theory of Justice by St. Thomas Aquinas. In: Medieval Philosophy and Theology 9 (2000).

— / Bohman, James: Weltstaat oder Staatenwelt? Für und wider die Idee einer Weltrepublik. Frankfurt/M.: Suhrkamp 2002.

MacKinnon, Catharine A.: Geschlechtergleichheit: Über Differenz und Herrschaft (1989). In: Nagl-Docekal / Pauer-Studer 1993.

Maier, Eva Maria: Teleologie und politische Vernunft. Entwicklungslinien republikanischer Politik bei Aristoteles und Thomas von Aquin. Baden-Baden: Nomos 2002.

— Haben Tiere Rechte? Tierethik in der Konsumgesellschaft. In: Wagner, Christoph, u. a. (Hg.): Gewissens-Bissen. Tierethik und Esskultur. Innsbruck: Loewenzahn 2008.

Margalit, Avishai / Halbertal, Moshe: Liberalism and the Right to Culture. Social Research 61 (1994).

Marx, Karl: Randglossen zum Programm der deutschen Arbeiterpartei. Gekürzt abgedruckt in: Horn / Scarano 2002 (1891).

Mill, John Stuart: Über die Freiheit. Stuttgart: Reclam 1974 (1859).

— Der Utilitarismus. Stuttgart: Reclam 1976 (1863).

— / Mill, Harriet Taylor: Die Hörigkeit der Frau. Frankfurt/M.: Helmer 1991 (1869).

Miller, David: Grundsätze sozialer Gerechtigkeit. Frankfurt/M.–New York: Campus 2008 (1999).

Möhring-Hesse, Matthias (Hg.): Streit um die Gerechtigkeit. Themen und Kontroversen im gegenwärtigen Gerechtigkeitsdiskurs. Schwalbach/Ts.: Wochenschau 2005.

— Einführung. In: ders. 2005 (2005a).

Moore, Barrington: Ungerechtigkeit. Die sozialen Ursachen von Unterordnung und Widerstand. Frankfurt/M.: Suhrkamp 1987 (1978).

Münkler, Herfried / Llanque, Marcus (Hg.): Konzeptionen der Gerechtigkeit. Kulturvergleich – Ideengeschichte – Moderne Debatte. Baden-Baden: Nomos 1999.

Nagel, Thomas: Bevorzugung gegen Benachteiligung? In: Rössler 1993 (1973).

Nagl-Docekal, Herta / Pauer-Studer, Herlinde (Hg.): Jenseits der Geschlechtermoral. Beiträge zur feministischen Ethik. Frankfurt/M.: Fischer 1993.

— (Hg.): Politische Theorie. Differenz und Lebensqualität. Frankfurt/M.: Suhrkamp 1996.

Nozick, Robert: Anarchie, Staat, Utopia. München: Olzog 2006 (1974).

Nussbaum, Martha: Gerechtigkeit oder Das gute Leben. Frankfurt/M.: Suhrkamp 1999.

Okin, Susan Moller: Justice, Gender, and the Family. Basic 1991.

— Is Multiculturalism Bad for Women? Princeton: Princeton University 1999.

— „Mistresses Of Their Own Destiny": Group Rights, Gender, and Realistic Rights of Exit. Ethics 112 (2002).

O'Neill, Onora: Justice and Boundaries. In: Chwaszcza / Kersting 1998 .

Ott, Konrad: Grundlinien einer Theorie „starker" Nachhaltigkeit. In: Möhring-Hesse 2005.

Pauer-Studer, Herlinde: Einführung in die Ethik. Wien: facultas.wuv 2003.

Phillips, Anne: Which Equalities Matter? Cambridge u. a.: Polity 1999.

Pieper, Josef: Über die Tugenden. Klugheit, Gerechtigkeit, Tapferkeit, Maß. 2. Aufl. München: Kösel 2004.

Platon: Nomoi. Frankfurt/M.: Insel 1991.

— Gorgias. Stuttgart: Reclam 1998.

— Der Staat (Politeia). Düsseldorf u. a.: Artemis & Winkler 2000.

Pogge, Thomas / Moellendorf, Darrel (Hg.): Global Justice. Seminal Essays. Global Responsibilities Volume I. St. Paul: Paragon 2008.

Radbruch, Gustav: Der Relativismus in der Rechtsphilosophie. In: Horn / Scarano 2002 (1934).

— Fünf Minuten Rechtsphilosophie. In: ders.: Rechtsphilosophie. Hg. von Ralf Dreier und Stanley L. Paulson. Heidelberg: Müller 1999 (1945).

Rawls, John: Eine Theorie der Gerechtigkeit. Frankfurt/M.: Suhrkamp 1979
(1971).

— Social Unity and Primary Goods. In: Sen / Williams 1982.

— Die Idee des politischen Liberalismus. Aufsätze 1978–1989. Hg. v. Wilfried
Hinsch. Frankfurt/M.: Suhrkamp 1994.

— Das Recht der Völker. Berlin–New York: de Gruyter 2002 (1999).

— Gerechtigkeit als Fairness. Ein Neuentwurf. Frankfurt/M.: Suhrkamp 2003
(2001).

Reuter, Hans-Richard: Der „Generationenvertrag" in der Konkurrenz der
Gerechtigkeitsvorstellungen. In: Möhring-Hesse 2005.

Rössler, Beate (Hg.): Quotierung und Gerechtigkeit. Eine moralphilosophische
Kontroverse. Frankfurt/M.: Campus 1993.

— Quotierung und Gerechtigkeit: Ein Überblick über die Debatte. In: dies.
1993 (1993a).

— Der Wert des Privaten. Frankfurt/M.: Suhrkamp 2001.

Rottleuthner, Hubert: Gerechtigkeit bei und nach Marx. In: Koch 1994.

Rousseau, Jean-Jacques: Vom Gesellschaftsvertrag oder Grundsätze des Staats-
rechts. Stuttgart: Reclam 1977 (1754).

Sandel, Michael: Liberalism and the Limits of Justice. Cambridge u. a.: Cambridge University 1982.

Sauer, Birgit / Strasser, Sabine (Hg.): Zwangsfreiheiten. Multikulturalismus und
Feminismus. Wien: Promedia 2008.

Schöne-Seifert, Bettina, u. a. (Hg.): Gerecht behandelt? Rationierung und
Priorisierung im Gesundheitswesen. Paderborn: Mentis 2006.

Selznick, Philip: The Idea of a Communitarian Morality. California Law
Review 75 (1987).

Sen, Amartya: Equality of What? In: The Tanner Lecture on Human Values.
Vol. I. Cambridge: Cambridge University 1980.

— / Williams, Bernard (Hg.): Utilitarianism and Beyond. Cambridge u. a.:
Cambridge University 1982.

Seybolt, Taylor B.: Humanitarian Military Intervention. The Conditions for
Success and Failure. Oxford–New York: Oxford University 2008.

Shachar, Ayelet: Multicultural Jurisdictions. Cultural Differences and Women's
Rights. Cambridge: Cambridge University 2001.

Shklar, Judith N.: Ordinary Vices. Cambridge–London: Belknap–Harvard
University 1984.

— Über Ungerechtigkeit. Erkundungen zu einem moralischen Gefühl. Frank-
furt/M.: Fischer 1997 (1990).

Shute, Stephen / Hurley, Susan (Hg.): Die Idee der Menschenrechte. Frankfurt/M.: Fischer 1996.

Simma, Bruno: Nato, the UN, and the Use of Force: Legal Aspects. In: European Journal of International Law 10 (1999).

Somek, Alexander: Rechte und Quoten. Eine Probe aufs Exempel von Fremden und Frauen. Archiv für Recht und Sozialphilosophie 83 (1997).

— Einwanderung und soziale Gerechtigkeit. In: Chwaszcza / Kersting 1998.

Sophokles: Antigone. Frankfurt/M.: Insel 1974.

Stiftung für die Rechte Zukünftiger Generationen (Hg.): Handbuch Generationengerechtigkeit. Bearb. von Jörg Tremmel. 2., überarbeitete Aufl. München: ökom 2003.

Stone, Isidor: Der Prozess gegen Sokrates, Wien–Darmstadt: Zsolnay 1990.

Stourzh, Gerald: Wege zur Grundrechtsdemokratie. Studien zur Begriffs- und Institutionengeschichte des liberalen Verfassungsstaates. Wien–Köln: Böhlau 1989.

Taylor, Charles: Aneinander vorbei: Die Debatte zwischen Liberalismus und Kommunitarismus. In: Honneth 1993.

Thomas von Aquin: Summa theologiae II-II. Auszugsweise abgedruckt in: Horn / Scarano 2002.

Thomson, Judith Jarvis: Bevorzugung auf dem Arbeitsmarkt. In: Rössler 1993 (1973).

Van Parijs, Philippe: Why Surfers Should Be Fed. The Liberal Case for an Unconditional Basic Income. In: Philosophy and Public Affairs 20 (1991).

Vereinte Nationen: Satzung der Vereinten Nationen vom 26. Juni 1945 (San Francicso).

— Resolution A/41/128 der Generalversammlung der Vereinten Nationen zum Recht auf Entwicklung vom 4. Dezember 1986 (Declaration on the Right to Development).

Wallner, Jürgen: Ethik im Gesundheitssystem. Wien: facultas.wuv 2004.

Walzer, Michael: The Distribution of Membership. In: Pogge / Moellendorf 2008 (1981).

— Sphären der Gerechtigkeit. Ein Plädoyer für Pluralität und Gleichheit. Frankfurt/M.–New York: Campus 2006 (1983).

— Die Debatte um humanitäre Interventionen. In: polylog 16 (2006).

Wesel, Uwe: Geschichte des Rechts. Von den Frühformen bis zum Vertrag von Maastricht. München: Beck 1997.

Williams, Melissa S. / Macedo, Stephen (Hg.): Political Exclusion and Domination. New York–London: New York University 2005.

Young, Iris Marion: Humanismus, Gynozentrismus und feministische Politik. In: List, Elisabeth / Studer, Herlinde (Hg.): Denkverhältnisse. Feminismus und Kritik. Frankfurt/M.: Suhrkamp 1989 (1985).

— Structural injustice and the politics of difference. In: Laden, Anthony Simon / Owen, David (Hg.): Multiculturalism and Political Theory. Cambridge: Cambridge University 2007.

Personenregister